KB069105

리카도가 들려주는
자유 무역 이야기

리카도가 들려주는
자유 무역 이야기

허균 지음 · 황기홍 그림

07
경제학자가 들려주는
경제 이야기

|주|자음과모음

경제에 관심을 가지고 이 책을 들추는 독자들 대부분은 리카도라는 경제학자를 잘 모를 수 있습니다. 고등학교에 가서야 경제 교과서를 통해서 비교 우위론의 창시자 정도로 배우기 때문이지요.

리카도는 애덤 스미스와 함께 고전 경제학의 틀을 만든 학자로 평가받는 인물입니다. 리카도의 업적은 자유 무역의 논리적 기초를 제공한 비교 우위론뿐만 아니라 마르크스의 노동 가치론에도 영향을 주었으며, 일정한 가정 하에 단순한 경제 모델로 현실을 분석하는 현대 경제학 분석 방법의 기본 틀을 제공하기도 하였습니다.

역사적으로 가장 잘 알려진 그의 업적은 '곡물법 폐지' 주장이었습니다. 유럽으로부터 값싼 곡물의 수입을 제한하는 곡물법은 영국의 곡물 가격을 상승시켜 지주에게는 더 큰 이익을 안겨줄 수 있겠지만, 덜 비옥한 토지까지 경작하도록 하여 토지 경영의 이윤율을 하락시키고, 다른 산업에까지 이윤율 하락의 악영향을 퍼트릴 것이라고 경고했습니다.

곡물법이 폐지되어 곡물의 가격이 하락하게 되면 토지 경영 이윤율뿐만 아니라 공장에서 생산되는 각종 제조업의 이윤율도 올릴 수 있고, 이는 영국에 대한 다른 국가들의 투자 증가와 자본 유입으로 이어져 영국이 가장 부유한 국가가 될 것이라고 주장하였지요.

즉, 자유로운 무역은 다른 나라로부터의 자본 유입을 늘려 경제가 더 성장할 수 있게 해 준다고 하였습니다. 이는 쌀 시장 개방이나 다른 나라와의 자유 무역 협정(FTA)을 맺는 최근 우리나라의 경제 환경 변화에도 시사하는 바가 크다고 할 것입니다. 현재 세계화의 물결 속에서 자유 무역을 지지했던 리카도와 그의 이론이 아직까지 거론되는 것만 보더라도 그의 위대함과 영향력을 짐작할 수 있으리라 생각합니다.

그의 두 번째 업적은 비교 우위론입니다. 모든 분야에서 열등한 후진국도 상대적으로 잘 만드는 재화를 생산해서 선진국과 교역하면 이익을 얻을 수 있다는 이론이지요. 후진국과 선진국 사이에도 무역이 발생할 수 있고, 무역을 통해 서로 이익을 볼 수 있다는 이유를 수학적인 논리 과정을 통해 논증하고 있는 비교 우위론은 리카도의 분석력이 얼마나 뛰어난지를 분명히 알려주는 이론입니다.

또한 리카도의 경제 이론 전개 방식은 오늘날 경제학의 분석 방법에 중요한 토대가 되었답니다. 여러 가지 가정에 의해 현실을 단순화하고, 단순화된 현실을 논리적으로 분석함으로써 이론을 모형화하고, 모형화된 이론을 통해 현실 세계를 예측하는 방식은 현대 경제학의 중요한 방법론 중의 하나이지요.

이와 같은 리카도의 논리 전개 방식은 너무 많은 가정 속에서 출발하기 때문에 비현실적이라는 비판을 받는 것도 사실이지만, 인간이 살고 있는 현실 세계는 무수히 많은 변인들에 의해 영향을 주고받는 유기적인 관계의 총체입니다. 이렇게 다중 인과 관계에 있는 유기적 관계를 총체적으로 설명하는 것은 불가능할지 모르지만, 정확히 설명하는 것이 불가능하다고 해서, 또는 진실이 아닐지도 모른다는 생각으로 진리를 추구하지 않는 것은 학문적 회의주의에 해당한다고 생각합니다.

중요한 것은 현실을 정확히 설명할 수 있는 이론을 만들어 내는 것이 아니라 새로운 가설들을 만들어 내는 것이 진리에 다가가는 방법임을 강조하는 현대의 지적 움직임을 생각할 때, 리카도의 접근 방식은 경제학을 공부하고자 하는 학생들에게 중요한 지침서가 될 수 있을 것이라고 생각합니다.

리카도는 차가운 머리를 가지고 경제학을 연구한 경제학자였지만 그의 가슴은 누구보다 따뜻했습니다. 사랑하는 여인을 위해 유산을 포기하기도 하고, 자신의 경제학적 주장을 극렬히 비판했던 맬서스와도 끝까지 우정을 나누었지요.

1823년 리카도가 죽기 전에 맬서스에게 보낸 마지막 편지에서 "만약 자네가 내 의견 모두에 찬성했다 하더라도 지금보다 자네를 더 좋아할 수 없었을 걸세."라고 말하며 세 명의 유산 상속인에 맬서스를 포함시킨 일화는 굉장히 유명하지요. 학문적 성향이나 이해관계가 다른 사람들과는 앙숙인 관계를 보이는 우리나라의 모습에 시사하는 바가 크다고 할 수 있습니다.

국내에서 리카도의 경제 이론을 더구나 학생들이 이해하기 쉽도록 쓴다는 것은 쉽지 않은 일이었습니다. 경제학자로서 그에 대한 인지도가 낮음은 물론이고, 국내에 발표된 연구 자료도 부족하였기 때문입니다. 따라서 이야기의 전개 흐름과 난이도상 약간의 소설적 상상력을 발휘할 수밖에 없었음을 밝히고 싶습니다.

이 책을 통해 조금이라도 리카도의 주장과 이론에 대해 이해할 수 있고, 리카도에 대한 새로운 지적 호기심이 생길 수 있다면 저자로서 이 책을 쓰는 임무를 다했다고 생각합니다.

허균

한 선생님이 한 과목을 가르치는 것이 여러 과목을 가르치는 것보다 더 효과적이다. 이처럼 근로자, 회사, 지역 또는 국가가 한 분야의 일에 집중하는 것을 특화라고 한다. 생산의 모든 과정을 나누어 사람들에게 서로 다른 단계를 맡기는 것을 분업이라고 하며, 특화와 분업은 교환을 통해 서로에게 이익을 줄 수 있다.

자유 무역은 한 나라에서 싸게 생산되는 재화와 서비스를 어떠한 장벽이나 제한 없이 다른 국가와 자유롭게 거래하는 것을 말한다. 자유 무역은 국가 전체적으로 보면 이익이 되지만, 새로운 산업의 경쟁력 확보와 고용 안정 등을 위해 많은 국가에서 보호 무역을 실시하기도 한다.

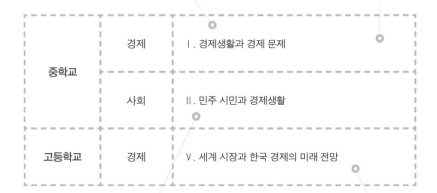

중학교	경제	Ⅰ. 경제생활과 경제 문제
	사회	Ⅱ. 민주 시민과 경제생활
고등학교	경제	Ⅴ. 세계 시장과 한국 경제의 미래 전망

국가 간의 분업은 이익을 가져온다. 기후 특성상 우리나라는 바나나를 수입하고 사과를 수출하는 것이 더 이득이 되는데, 이와 같은 원리로 발생한 무역은 모든 상대국에게 이익이 된다. 세계 무역 기구(WTO)와 같은 국제 기구는 각국이 시장을 개방하여 자유롭게 무역할 수 있도록 하고 있는데, 이것은 기업 간의 경쟁이 더욱 치열해짐을 의미한다.

생산 비용의 절대적 수준에 의해 재화의 이동 방향이 결정된다는 절대 우위론은 기회비용을 제대로 나타내지 못한다는 한계가 있다. 이런 절대 우위론의 한계점을 보완한 비교 우위론은 한 재화를 생산함으로써 희생된 다른 재화의 가치, 즉 기회비용이 상대적으로 싼 재화는 수출하고 비싼 재화는 수입함으로써 각국이 이익을 얻게 된다는 이론이다.

	세계사	데이비드 리카도	한국사
1772		런던 출생	
1776			규장각 설치
1779	미국, 독립 선언		
1786		금융업 업무 시작	서학을 금함
1791	미국 재무 장관 해밀턴, 보호 무역 정책		신해박해
1792		주식 중개인으로 성장, 결혼	
1799		애덤 스미스의 『국부론』 읽고, 경제학 공부 결심	
1806	나폴레옹, 대륙 봉쇄령		
1809		최초 경제 보고서 발표	
1811		맬서스와 친해짐	홍경래의 난
1812	나폴레옹, 러시아 원정 실패		
1815	영국 곡물법 재개정	「곡물의 저가격이 자본의 이윤에 미치는 영향에 대한 소론」 작성	
1817		『정치 경제학과 조세의 원리』 저술	
1818			정약용, 『목민심서』 저술
1819		하원 의원이 됨	
1820		『자금 조달 체계』 발표	
1823	먼로주의 선언	사망	

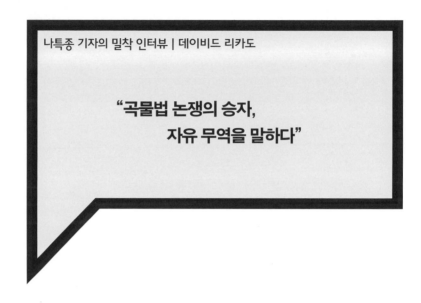

**"곡물법 논쟁의 승자,
자유 무역을 말하다"**

여러분, 안녕하세요. 나특종 기자입니다. 오늘은 데이비드 리카도 선생님께서 자유 무역에 대한 이야기를 들려주실 텐데요. 수업에 들어가기 전에 인터뷰를 통해서 선생님에 대해 좀 더 알아보는 시간을 갖도록 하겠습니다.

선생님, 안녕하세요. 만나 뵙게 되어 반갑습니다. 먼저 간단한 인사 말씀 부탁드리겠습니다.

안녕하세요. 경제학자 데이비드 리카도라고 합니다. 대학교에서 경제학을 전공한 것도 아닌데다, 경제학 강의를 직접 하는 것은 처음이라 조금 떨리네요. 물론 영국의 하원 의원으로서 나의 주장을

연설한 적은 몇 번 있지만요. 조금 긴장되지만, 내가 주장한 다양한
내용을 여러분에게 직접 들려줄 수 있게 되어 굉장히 기쁩니다.

선생님의 어린 시절은 어땠나요?

나는 1772년 4월 18일 런던에서 유대인 상인의 셋째 아들로 태
어났습니다. 증권 중개인이셨던 아버지를 따라 열네 살 때부터 증권
일을 배우기 시작했지요.

아니, 열네 살이라는 어린 나이에 증권 일을 시작하셨다고요?

하하, 네. 그때는 더 어린 아이들도 공장이나 시장에서 일을 하는
게 당연했답니다. 더 열악한 환경에서 일하던 내 또래의 친구들에
비하면 나는 굉장히 운이 좋은 편이었지요.

그때부터 아버지 어깨 너머로 주식, 채권, 부동산 등의 업무를 배
우며 현실 경제에 흥미를 갖기 시작했습니다.

자연스럽게 경제를 접하게 되셨군요.

네, 그러던 중 한 여자와 사랑에 빠지게 되었지요. 그런데 그녀는
개신교인 퀘이커 교도였고, 나의 집안은 엄격한 유대교였습니다. 이
런 상황이 온다면 여러분은 어떻게 하겠습니까? 나는 종교와 가족
을 포기하고 사랑을 선택했답니다.

스물한 살 때 집안의 반대에도 불구하고 그녀와 결혼을 결심했고,
부모님의 곁을 떠나 독립생활을 시작했습니다. 아버지께서 꽤 부유

하셨음에도 불구하고 아무것도 물려받지 못해서 거의 빈털터리 생활부터 시작할 수밖에 없었지요.

부모님의 거대한 재산을 포기하셨다니, 후회는 없으신가요?

지금도 그때의 선택을 후회하지 않습니다. 아내 프리실라(Priscilla Anne Wilkinson)를 부모님의 유산보다 더 많이 사랑했으니까요. 게다가 우리에겐 여덟 명의 귀여운 아이들도 있었거든요. 하하, 조금 쑥스럽네요. 경제에 대한 연구 결과를 통해 결국은 부모님의 재산보다 더 많은 부를 축적할 수도 있었으니, 후회가 있겠습니까.

독립 후에는 어떻게 지내셨나요?

아버지로부터 배운 증권 중개 사업을 시작하였습니다. 처음에는 어렵게 시작했으나, 점점 특유의 판단력과 안목으로 주식이나 채권 투자, 증권 중개, 부동산 투자 등에서 큰 성공을 거두게 되었답니다.

특히 영국이 프랑스와 전쟁을 하기 위해 발행한 채권의 가격이 전쟁으로 폭락했을 때는 그 기회를 놓치지 않았지요. 여러 가지 정보를 분석한 결과, 최고의 해군력을 가지고 있는 영국이 스페인과 프랑스의 연합 함대를 격파할 것이고, 당시 위용을 자랑하던 나폴레옹 군대는 영국 땅에 발을 들이지도 못할 것이라는 확신을 가지게 되었거든요.

확고한 확신을 품고, 가격이 절반 이하로 떨어진 영국 정부의 전쟁 채권을 대규모로 매입했는데, 역시 나의 예상대로 스페인과 프랑스 연합 함대가 영국 해군에게 대파당했습니다. 영국 정부가 발행한 채권 가격은 큰 폭으로 올랐고, 덕분에 많은 돈을 벌게 되었지요.

역사상 유명한 경제학자 중에서 주식이나 채권 투자로 돈을 번 사람은 선생님과 존 메이너드 케인스(John Maynard Keynes)밖에 없다고 하더군요.

네, 그렇습니다. 그런데 나는 무역뿐만 아니라 시장에도 정부가 개입하는 것을 반대하는 입장이었는데, 케인스는 정부가 시장에 적극적으로 개입해야 한다는 정반대의 생각을 가진 사람이라는 점이 아이러니하지요.

본격적인 경제학 공부는 언제부터 하셨나요?

아내가 병을 얻어 요양차 휴가를 가면서 애덤 스미스(Adam Smith)가 쓴 『국부론(The Wealth of Nations, 國富論)』을 접하게 되었습니다. 서점에서 책을 읽다가 우연히 경제학의 최대 걸작인 『국부론』을 만나게 된 것이죠. 그때 내 나이는 스물일곱이었습니다. 돈을 벌면서 어느 정도 여유도 생겨 본격적으로 경제 공부를 시작하게 되었지요.

그러던 중 1809년에 쓴 첫 번째 보고서인 「금의 가격(Price of Gold)」이 영국 의회에서 정식으로 채택되었습니다.

선생님의 첫 번째 보고서에 대해서 듣고 싶습니다.

사과나무에서 사과가 떨어지는 것을 보고 만유 인력의 법칙을 발

> **존 메이너드 케인스**
> 정부 정책에 따른 유효 수요의 증가를 강조한 케인스 경제학 이론의 창시자입니다. 시장을 가격이라는 보이지 않는 손에 맡겨야 한다는 주장에 대해 "장기적으로 보면 우리는 모두 죽는다."라고 비판했습니다. 주요 저서로 『고용·이자 및 화폐의 일반 이론』이 있습니다.
>
> **애덤 스미스**
> 경제학을 이론·역사·정책에 처음으로 도입한 영국의 정치 경제학자로 고전 경제학의 창시자입니다. 경제 행위는 가격이라는 보이지 않는 손에 의해 결국 공공복지에 기여하게 된다고 주장했습니다.

뉴턴
영국의 물리학자, 천문학자, 수학자이자 근대 이론과학의 선구자입니다. 수학에서는 미적분법을 창시하였고, 물리학에서는 뉴턴 역학의 체계를 확립하였지요. 1691년에 조폐국의 감사가 되었으며, 1699년에 조폐국 장관에 임명되어 화폐를 다시 주조하는 일을 수행하였습니다.

나폴레옹 전쟁
프랑스 혁명 당시 프랑스가 나폴레옹 1세의 지휘 아래 유럽의 여러 나라와 싸운 전쟁을 통틀어 이르는 말입니다. 1797년부터 시작된 나폴레옹 전쟁은 워털루에서의 패배로 막을 내리게 되었습니다.

곡물법
1815년 영국에서 곡물의 수입을 막기 위해 제정한 법률로 1846년에 폐지되었습니다. 나폴레옹 전쟁이 끝나고 곡물 가격이 크게 떨어지자, 지주 계급의 이익을 보호하기 위해 소맥 1쿼터당 80실링 이하의 곡물 수입을 제한하는 곡물법이 제정되었습니다.

견한 뉴턴(Sir Isaac Newton) 다들 아시죠? 물리학자로 잘 알려진 이분은 경제 분야에도 조회가 깊어서 화폐를 발행하는 조폐국 장관까지 역임하셨습니다. 그는 조폐국 장관 때 1온스의 금을 3.894파운드화로 교환하는 기준을 만드셨지요. 소수점 셋째 자리까지 계산하시다니 역시 굉장한 분이죠?

그런데 나폴레옹과 전쟁이 진행되는 동안 영국 파운드화의 가치는 금 가치에 비해 30%나 하락하고, 그만큼 물가는 급격히 상승하는 현상이 발생했습니다. 다른 경제학자들은 수요가 폭발적으로 증가해서 온 현상이라고 생각했지만 내 생각은 달랐습니다. 나는 영국 은행이 너무 많은 파운드화를 발행했기 때문에 1온스의 금을 사는 데 3.894파운드 이상을 지불해야 하는 상황이 발생했다고 판단했지요. 그래서 뉴턴이 만든 교환 기준을 바꿔야 한다는 생각을 보고서로 작성하게 되었습니다.

이때부터 경제학자로서 선생님의 활약이 시작되었군요. 당시의 시대 상황에 대해서 들어볼 수 있을까요?

당시 산업 혁명의 진전으로 생산성이 향상됨에 따라 생산량이 크게 증가하면서 생산물의 분배가 주요 문제로 떠오르고 있었습니다. 또한 나폴레옹 전쟁 이후 여러 계급 사이의 이해관계가 대립되면서, 국내 농업을 외국 곡물로부터 보호한다는 명분의 곡물법(Corn Law)

이 제정되기도 했지요.

선생님과 친분이 두터웠던 경제학자 맬서스(Thomas Robert
Malthus)와 논쟁을 벌였다는 그 곡물법이군요. 곡물법에 대해 자
세히 말씀해 주시겠어요?

곡물법은 유럽 대륙으로부터 수입되는 값싼 곡물의
수입을 제한하는 법입니다. 1815년에 곡물법이 제정된
이후, 산업 혁명과 인구 증가 등의 영향으로 곡물에 대
한 수요가 증가하면서 곡물 가격이 오르기 시작했습니
다. 그 결과 지주 계급은 큰 이익을 얻었지만 농업 경영
자들과 노동자들의 어려움은 계속되었지요.

값싼 곡물의 수입 금지는 생산성이 낮은 토지의 경작
을 확산시키고 토지의 이윤율을 떨어트립니다. 그리고
이것은 수확 체감의 법칙과 인구 증가 등에 의해 장기적
으로 영국 경제 발전의 발목을 잡게 되지요. 이것이 바
로 내 이론의 핵심입니다.

나는 자유 무역을 통해 자유로운 곡물의 수입이 이뤄
져야 국내 산업이 발전하고, 영국 경제가 성장할 수 있
다고 주장하였습니다.

선생님은 비교 우위론이라는 이론으로도 유명하시잖아요.
네, 그렇습니다. 그런데 비교 우위론에 대한 이야기를 하기 위해

맬서스
영국의 경제학자입니다. 주요 저
서인 『인구론』을 통해 인구의 증
가로 기근·빈곤·악덕이 발생한
다고 말하며, 곡물 보호 무역 정
책으로 곡물법이 계속되어야 한
다고 주장하였습니다.

산업 혁명
18세기 중엽 영국에서 시작된
기술상의 혁신으로 사회, 경제
등이 급격하게 달라진 것을 말합
니다. 기존의 가내 공업이나 수
공업에 의존하던 생산 형태를 동
력을 이용한 대규모 공장제 기계
공업으로 바꾸면서, 인류를 절대
적 빈곤으로부터 벗어날 수 있게
하였습니다.

수확 체감의 법칙
일정 크기의 토지에 노동력을 추
가로 투입할 때, 수확량의 증가
가 노동력의 증가를 따라가지 못
하는 현상을 말합니다. 리카도와
맬서스는 토지가 한정되어 있기
때문에 수확 체감이 일어나는 것
이라고 생각했습니다.

서는 애덤 스미스의 절대 우위론에 대해 먼저 알아야 한답니다.

그럼 절대 우위론에 대한 이야기부터 들려주시죠.

절대 우위론이 발표되기 전 유럽에서는 금과 은을 많이 가질수록 국가의 부가 증가한다고 생각했습니다. 따라서 수출은 장려하지만 수입은 억제하는 중상주의 정책을 실시하고 있었지요.

중상주의자들은 무역을 통해 한 나라가 이익을 보면 다른 나라는 반드시 손해를 본다고 생각했습니다. 그러나 애덤 스미스는 각국이 절대적으로 우위에 있는 재화의 생산에 특화하고, 이 재화를 서로 교환하면 전체적인 부의 증대가 가능하다고 생각했습니다. 이것이 절대 우위론입니다. 그는 중상주의자들의 주장을 비판하며 절대 우위론을 통해 수입도 장려할 것을 주장하였지요.

중상주의
15세기부터 18세기 후반 서유럽 제국에서 채택한 경제 정책과 경제 이론을 말합니다. 초기 산업 자본을 위해 국내 시장을 확보하고, 국외 시장을 개척하는 것에 목적을 두었습니다. 보호주의 제도로써 수입 금지와 제한, 국내 상품의 수출 장려 등의 조치를 실행하였습니다.

그렇다면 비교 우위론은 어떤 내용인가요?

절대 우위론으로는 무역이 발생하는 이유를 설명하는 것이 불가능한 경우가 있습니다. 이런 절대 우위론의 한계점을 보완한 이론이 비교 우위론이라고 할 수 있지요.

한 나라가 모든 재화의 생산에 있어 절대적 우위를 가진다면 어떨까요? 절대 우위론에 따르면 이때는 다른 나라와의 교환이 이루어지지 않습니다. 무역을 하는 것보다 직접 만들어서 사용하는 것이 훨씬 효율적일 테니까요.

◆ 리카도가 들려주는 자유 무역 이야기

그러나 모든 재화의 생산에 절대 우위를 가진 나라와 절대 열위를 가진 나라도 상대적으로 우위에 있는 재화만 생산해서 교환하면, 두 나라 모두 무역으로 인한 이익을 얻을 수 있습니다. 이것이 바로 비교 우위론의 핵심 내용이지요. 더 자세한 이야기는 수업을 통해 들려주도록 하겠습니다.

국제 분업의 장점을 새로운 논리로 설명했다고 볼 수 있겠네요. 선생님의 저서에는 어떤 것들이 있는지 궁금합니다.

나는 기본적으로 국가의 부를 축적하기 위해서는 자유 무역을 해야 한다고 생각했습니다. 1815년 「곡물의 저가격이 자본의 이윤에 미치는 영향에 대한 소론(Essay on the Influence of a Low Price of Corn on the Profits of Stock)」이라는 논문을 통해, 자유로운 곡물 수입을 허용하여 낮은 곡물 가격을 유지해야 자본을 축적할 수 있고, 경제 성장이 지속될 수 있다고 주장했지요.

이후 이 논문을 확장하고 가치 이론과 조세 이론 등의 내용을 포함하여 『정치 경제학과 조세의 원리(Principles of Political Economy and Taxation)』(1817년)를 발표했습니다. 애덤 스미스의 노동 가치설(Labor Theory of Value)을 더욱 철저하게 연구하여, 상품의 가치 크기는 생산에 투여된 노동량에 따라 결정된다는 투하 노동 가치설과 자본가·노동자·지주 사이의 소득 분배에 대한 이론을 정리하였지요.

> **노동 가치설**
> 상품의 가치는 그 상품을 생산한 노동에 의하여 형성되고, 가치의 크기는 그 상품을 생산하는 데 필요한 노동 시간에 의하여 결정된다는 학설입니다. 17세기에 처음 나타나, 애덤 스미스와 리카도에 의해 이어져 나갔습니다.

네, 지금까지 선생님의 말씀 잘 들었습니다. 그럼 지금부터 수업을 통해 자유 무역에 대한 자세한 이야기를 들어보도록 하겠습니다. 지금까지 나특종 기자였습니다.

자유 무역과 보호 무역

세계 여러 나라의 자연 조건이나 사회적 조건은 같지 않습니다. 때문에 여러 가지 상품을 서로 교환해야 할 필요가 생기고, 이에 따라 국제 거래가 발생하게 됩니다.

대외 의존도가 높은 한국

자, 첫 번째 수업은 답답한 강의실에서 벗어나 인천항에서 시작해 볼까요? 내가 처음 공부를 시작했던 것처럼 직접 몸으로 부딪치고 느끼면서 현실 경제를 배워 봅시다.

와, 저기를 보세요. 컨테이너 박스들이 굉장히 많이 쌓여 있네요. 수출품을 실은 컨테이너는 컨테이너 선(船)에 실려 해외 곳곳으로 수출된답니다. 국제 교역에 컨테이너가 사용된 것은 불과 50년이 조금 넘었습니다. 사람의 손을 거치지 않고도 트럭이나 기차 등에서 배로 손쉽게 화물을 옮길 수 있는 표준 규격의 강철 박스 컨테이너가 개발되면서 수출품을 배에 싣는 선적 속도가 크게 향상되었지요. 이를 통해 전 세계 무역은 획기적으로 증가할 수 있었습니다. 저 네모 박스의 컨테이너라는 아이디어 하나가 무역 발전에 큰 기여를 했

수출용 자동차들의 모습

다니 놀랍지 않나요?

아, 저기에서는 수출용 자동차가 줄 맞춰서 수출선으로 선적되고 있네요. 자동차 운반선(PCTC : Pure Car and Truck Carrier) 가운데 규모가 가장 큰 선박은 한 번에 자동차 8,000여 대를 실을 수 있습니다. 웬만한 아파트를 눕혀 놓은 것보다 조금 더 크다고 하니, 얼마나 큰지 짐작이 가나요?

인천항에서 공부를 시작하자고 했을 때 눈치챈 학생들도 있는 것 같습니다. 오늘 우리가 처음 공부할 내용은 바로 국제 거래(國際去來), 즉 무역(貿易)입니다.

한국은 예전부터 지하자원이 부족하여 원유, 철광석 등 부족한 지하자원을 해외에서 수입해야 하는 경제 구조를 가지고 있었습니다. 부족한 자원을 수입하기 위해서는 외화가 필요했고, 외화를 벌기 위해서는 경제 개발 초기부터 수출 중심적인 경제 개발을 할 수밖에 없었지요. 이런 한국 경제의 취약성 때문에 한국의 무역 의존도는 매우 높을 수밖에 없습니다. 한국에 있어 국제 거래는 굉장히 중요한 의미를 갖는다고 볼 수 있지요.

1990년대만 해도 50%대에 불과했던 한국의 무역 의존도는 매년 가파르게 상승하고 있습니다. 2011년 1/4분기에는 무려 97.4%까지 상승할 것으로 추정되고 있지요.

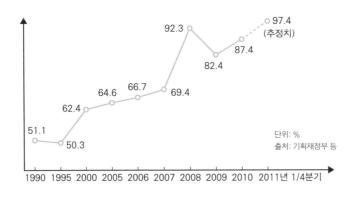

92.3

97.4
(추정치)

87.4

82.4

64.6 66.7 69.4

62.4

51.1

50.3

단위: %
출처: 기획재정부 등

1990 1995 2000 2005 2006 2007 2008 2009 2010 2011년 1/4분기

한국의 무역 의존도 추이

"선생님, 그런데 무역 의존도가 90%를 넘는다는 것이 어느 정도 인지 상상이 잘 안돼요."

미국이나 영국의 무역 의존도는 20%대 안팎에 불과합니다. 일본 은 이보다 더 낮은 10%대 후반을 기록하고 있지요. G20 국가 중에서 수출과 수입이 국내 총생산에서 차지하는 비중을 살펴보면 이해가 더 쉽겠네요. 한국은 타의 추종 을 불허하고 전부 1위입니다. 어때요, 굉장하지 않나요?

한국은 이렇게 높은 무역 의존도 때문에 대외 경제 여 건에 따라 많은 영향을 받을 수밖에 없습니다. 이런 경제 구조를 가 진 한국에 살고 있는 여러분은 국제 거래에 대해 더 많은 관심을 갖 고 공부해야 할 것입니다.

> **G20**
> 세계 경제 문제를 논의하고 해결 책을 찾기 위해 국가의 정상이나 재무장관, 중앙은행 총재가 갖 는 모임입니다. 'G'는 영어 '그룹 (group)'의 머리글자이고, 숫자 는 참가국 수를 나타냅니다.

G20국가의 수출과 수입 비중

순위	국가	수출비중	국가	수입비중
1	한국	43.4	한국	38.8
2	독일	33.6	멕시코	28.1
3	멕시코	26.2	독일	28.0
4	중국	24.5	남아공	25.4
5	러시아	24.4	캐나다	24.6
6	캐나다	23.4	사우디	24.3
7	인도네시아	22.1	터키	22.9
8	남아공	21.7	영국	22.2
9	이탈리아	19.1	프랑스	20.9
10	아르헨티나	18.2	중국	20.5
11	프랑스	17.8	인도	19.8
12	터키	16.6	이탈리아	19.5
13	영국	16.3	인도네시아	17.2
14	호주	15.6	호주	16.6
15	유로지역	14.4	유로지역	14.0
16	인도네시아	12.8	아르헨티나	13.5
17	일본	11.4	미국	11.4
18	브라질	9.7	일본	10.0
19	미국	7.5	브라질	8.5

출처 : 연합뉴스 2010. 9. 13

"오늘부터 열심히 공부 해야지! 선생님, 우리나라는 어떤 것들을 주로 수출했는지 궁금해요."

하하, 자음이 학생의 열정이 대단하네요. 네, 그럼 한국은 지금까지 주로 어떤 물품들을 수출해 왔는지 자세히 알아봅시다.

자본이나 기술력이 부족했던 1960년대 초 한국은 텅스텐, 흑연, 철광석 등의 자연 광물이나 누에고치에서 뽑아낸 생사(生絲) 또는 각종 수산물을 수출하는 정도였습니다. 1960년대 중반 정부의 수출 드라이브 정책 이후부터 공산품을 수출하기 시작했지요. 1970년대 초반에는 주로 중량이 가벼운 경공업 제품들을 수출하였는데, 이런 산업은 노동력이 많이 필요하다고 해서 노동 집약적 산업이라고 부르기도 합니다.

당시 노동 집약적 산업 중 하나는 가발 산업이었습니다. 가발을 만들기 위해 엿장수는 리어카를 끌고 전국 방방곡곡을 누비면서 가발의 재료가 되는 머리카락을 사들였지요. 그래서 부모님의 약값, 동생의 등록금, 남편의 술값 등을 구하기 위해 머리카락을 잘라서 팔았던 여인들의 눈물겨운 이야기가 소설이나 드라마의 단골 소재로 등장하기도 했답니다. 재미있는 이야기 하나 해 줄까요? 1970년대에는 오줌을 수출하기도 했답니다.

수출 드라이브 정책
국내 경제의 불황으로 줄어든 판매를 증가시키기 위해 수출을 늘리는 경제 정책을 말합니다. 우리나라는 1961년부터 수출 드라이브 정책을 펴기 시작하여 자동차·조선·기계·반도체 등으로 획기적인 발전을 이루었습니다.

노동 집약적 산업
생산에 있어 노동이 자본보다 더 많이 들어가는 산업을 말합니다. 반대로 자본이 노동보다 더 많이 들어가는 산업은 자본 집약적 산업이라고 하지요.

"헉, 오줌을 수출했다고요?"
"아니 대체 오줌을 어디에 써요?!"

하하, 오줌을 수출하던 나라, 조금 웃기죠? 정확히 말하자면 오줌은 아니고, 오줌에서 추출한 유로키나제라는 물질을 수출했습니다. 고속버스 터미널이나 기차역의 공중 화장실에 오줌을 모으는 통을 설치해서 오줌을 모았지요. 이렇게 모은 오줌에서 중풍 치료의 원료 인 유로키나제를 추출해 수출했답니다.

이밖에 신발, 섬유, 합판 등도 1970년대 초반의 주요 수출품이었 습니다. 이후 한국은 경공업을 통해 자본을 축적하였고, 산업 구조 가 발전함에 따라 수출품에도 많은 변화가 나타게 되었습니다.

자본과 기술이 축적됨에 따라 1980년대에는 의류, 철강판, 신발, 선박 등이 수출되었고, 1990년대에는 반도체, 자동차 등이 수출되기 시작했습니다. 다양한 수출 품목과 함께 수출 규모도 점점 늘어나게 되었지요. 2000년 이후에는 반도체, 자동차, 석유 제품, 선박, 휴대 전화, 철강 등의 고부가 가치 제품들이 한국의 주요 수출품으로 자 리 잡게 되었답니다.

국제 거래의 발생 원인, 분업

이제 여기에 좀 앉기로 하죠. 한국의 역동적인 국제 거래 현장을 둘 러보았으니 이제 좀 원론적인 이야기를 시작해 보겠습니다. 국제 거 래 또는 무역이란 무엇이고, 왜 발생하는 건지 지금부터 자세히 살 펴볼게요.

로빈슨 크루소처럼 무인도에 혼자 사는 사람은 자신에게 필요한 모든 것을 스스로 만들어야 합니다. 이렇게 스스로 모든 것을 생산하고 소비하는 것을 자급자족 경제라고 하지요. 하지만 오늘날 자급자족으로 살아가는 사람은 한 명도 없다고 볼 수 있습니다. 여러분이 살고 있는 곳은 무인도도 아니고, 다른 사람들과 단절된 채로 혼자서만 생활할 수 있는 곳도 아니기 때문이지요. 여러분은 자신이 생산한 재화나 용역을 다른 사람과 서로 교환하면서 살아가야 합니다.

"선생님, 교환은 어떻게 이루어지나요?"

바닷가에 사는 어부가 산에서 나는 산나물을 먹고 싶을 때 어떻게 하면 될까요? 생선을 먹고 싶어 하는 사람에게 물고기를 주고 산나물을 받아오면 되겠지요. 이것이 바로 교환입니다. 즉, 교환은 내가 갖고 있는 물건을 다른 사람의 물건과 맞바꾸는 것입니다.

한국은 대외 무역 의존도가 높은 경제 구조 때문에 국제 거래를 하지 않을 수 없다고 했지요? 무역은 이와 비슷한 원리로 발생하게 된답니다. 기본적으로 국내 거래나 국제 거래는 모두 교환이라는 점에서 비슷한 특성을 갖기 때문입니다. 이 교환이 다른 나라에 살고 있는 사람과의 사이에서 발생하면 국제 거래 또는 무역이 되지요.

물론 여러 가지 면에서 국제 거래와 국내 거래는 다른 점을 갖기도 합니다. 자본이나 노동과 같은 생산 요소는 각국의 법·정치적인 규제로 인해 국가 간 이동이 쉽지 않고, 각국은 서로 다른 화폐를 가지고 있기 때문에 교환하는 데에도 많은 어려움이 따르게 되지요.

또한 거리상 국내 시장보다 멀다는 특징 때문에 운송이나 보관도 어렵고, 무역을 통해 돈을 주고받는 것도 어렵습니다.

하지만 국내 거래나 국제 거래 모두 교환이 이루어지기 위해서는 사람들 간에 서로 일을 나누어 해야 합니다. 이렇게 서로 일을 나누어서 전문적으로 생산하는 것을 분업(分業)이라고 하지요. 분업은 하나의 공장 안에서 일어나기도 하고, 사람들 간, 산업 간, 국가 간에도 일어납니다. 분업은 애덤 스미스가 『국부론』에서 핀 공장의 예를 들어 설명한 것이 가장 유명하지요.

"핀 제조업에 관한 교육을 제대로 받지 않은 노동자는 제 아무리 노력해도 하루에 핀 스무 개는커녕 단 한 개의 핀도 만들 수 없을 것이다. 그러나 오늘날 핀 제조업은 전체 작업 공정을 세분화시킨 여러 독자적 작업 과정들로 구성되어 있다. 한 사람이 철사를 가져 오면 두 번째 사람이 그것을 바르게 편다. 세 번째 사람이 그것을 자르면 네 번째 사람은 그 끝을 뾰족하게 만들고, 다섯 번째 사람이 핀 머리를 붙이기 좋도록 다른 쪽 끝을 갈아 낸다.

핀 머리 제조 공정 역시 뚜렷이 분리된 두세 과정으로 나뉜다. 이렇게 핀 머리와 몸체가 각각 완성되면 그 둘을 접합시키는 과정, 핀에다 흰색 안료를 입히는 과정, 완성된 핀을 두꺼운 종이에다 꽂아 두는 과정들로 이어진다. 결국 핀 하나를 완성하기까지 모두 열여덟 가지의 세부 작업 과정이 필요한데, 어떤 공장에서는 작업 과정 하나당 한 사람씩 따로 분

애덤 스미스

담시키기도 한다……. 나는 이러한 방식으로 열 사람이 작업하고 있는 한 소규모 공장에 가 본 일이 있는데, 이 공장에서는 노동자 한 사람당 평균 4,800개의 핀을 생산해 내고 있었다."

— 애덤 스미스, 『국부론』

애덤 스미스의 핀 공장의 예처럼 각각의 노동자들이 자신에게 맡겨진 작업 공정만을 분담하는 분업을 기술적 분업이라고 부릅니다. 생산성 향상을 위해 공장 내부에서 생산 공정을 나누어 하는 것이라고 볼 수 있지요. 실제로 분업은 산업 혁명 이후 생산성을 향상시키는 데 중요한 역할을 하였습니다.

이렇게 하나의 제품을 생산하기 위해 공장 내부에서 기술적 분업을 하게 되면 무엇이 좋을까요? 분업을 하게 되면 하나의 작업만 반복하기 때문에 각자가 맡은 일에 더 숙달될 수 있고, 노동자들의 작업 전환 시 소요되는 시간을 없앨 수 있습니다. 또한 전문화된 노동자들은 매일 같은 작업을 되풀이하기 때문에 작업 능률을 향상시킬 수 있는 공구나 기계를 고안해 낼 가능성이 높아집니다.

공장 내부에서 생산 과정을 나누어 맡는 것뿐만 아니라 개인 또는 집단이 하나의 재화만을 전문적으로 만드는 것도 분업이라고 합니다. 이러한 분업은 사회적 분업이라고 하지요. 다른 말로 특화(特化)라고도 하는데, 어부가 물고기만 전문적으로 잡는 것이 이에 해당된다고 볼 수 있습니다.

교과서에는

교환 활동이 활발한 사회에서는 자신이 잘 만들 수 있는 재화만을 집중적으로 생산할 수 있습니다. 각각의 사람들이 한 분야의 작업에 집중함으로써 작업의 전문화가 이루어지고 생산의 효율성이 높아질 수 있지요. 앞으로 경제 주체 간의 상호 의존성은 더욱 심화될 것입니다.

분업은 기술적 분업과 사회적 분업으로 나눌 수 있습니다.

특화를 하면 여러 가지를 생산할 때보다 더 많은 생산물을 만들 수 있게 됩니다. 이런 전문화 또는 특화는 반드시 교환이 전제될 때만 가능하답니다. 만약 교환이 불가능하다면 어부는 매일같이 물고기만 먹어야 하고, 농부는 쌀만 먹어야 할 테니까요. 그렇다면 광부는 철광석이나 석탄만?!

현대 사회는 교환을 통해 자신에게 필요한 상품을 구입하는 것이 보편화되어 있습니다. 교환 없이는 우리의 생활을 유지하기가 힘들어졌다고 볼 수 있지요. 여러분이 입고 있는 옷이나 가방, 신발 등을 포함해 집에 있는 모든 것들을 생각해 보세요. 누군가가 만든 것을 돈을 주고 교환해 온 것들뿐이죠? 게다가 그 물건들 중에는 우리나라 제품뿐만 아니라 외국 제품들도 있을 것입니다. 사회적 분업은 하나의 국가 안에서 뿐만 아니라 다른 나라 사이에서도 발생하기 때문이지요. 요즘은 인터넷이라고 하는 커다란 시장 덕분에 다른 나라와의 거래가 예전보다 더욱 자유롭고 활발해진 것 같더군요.

세계 여러 나라들은 각각 기후, 풍토, 천연자원 등 자연적 조건과 자본, 노동, 생산 기술 등 사회적 조건에 있어 차이가 납니다. 이에 따라 제품을 생산하는 능력에도 차이가 발생하게 되지요. 결국 각국은 국제 거래를 통해 여러 가지 재화를 서로 교환해야 할 필요가 생기게 됩니다. 국제 거래, 즉 무역은 이렇게 발생합니다.

자유 무역 정책 vs 보호 무역 정책

나는 여러 가지 이론들을 근거로 제시하며 자유 무역을 통해 무역을 하면 양국 모두가 이익을 얻고, 국가의 부를 늘릴 수 있다고 주장하였습니다. 그런데 자유 무역이 뭐냐고요? 말 그대로 개인이 국가의 간섭을 받지 않고 자유롭게 다른 나라와 무역을 하는 것이랍니다.

수입품에 붙는 관세(Tariff)가 가장 대표적인 국가의 간섭 방법이지요. 이밖에 수출을 장려하는 것도 일종의 국가 간섭이라고 할 수 있는데, 이처럼 국가가 여러 가지 방법으로 국제 거래에 간섭하는 것을 자유 무역의 반대 개념, 즉 보호 무역이라고 합니다.

앞에서 무역의 개념을 설명하면서 국제 거래를 통해 양국이 이익을 얻을 수 있다고 했지요? 그런데 당시에는 자유 무역이 오히려 국가의 부를 해외로 유출시킬 수 있기 때문에 국가의 부를 축적하기 위해서는 수입을 규제하는 보호 무역이 더 필요하다고 주장하는 사람들이 많았답니다. 당연히 나의 주장과 다른 그들의 의견 때문에 많은 논쟁이 있었지요.

자유 무역이 좋으냐 아니면 보호 무역이 더 좋으냐에 대한 논란은 17세기 이후 민족 국가가 형성되는 시기부터 시작되었습니다. 자유 무역과 보호 무역의 논란이 있었던 그 시절로 함께 여행을 떠나서 자세히 알아봅시다.

중세의 많은 나라들은 금이나 은과 같은 귀금속을 축적하는 것이 국가의 부를 늘리는 방법이라고 믿었습니다. 따라서 다른 나라와의 무역을 통해서 자국의 이익을 축적하기 위해 수출은 장려하고 수입은 규제하는 정책을 실시했지요.

수출을 확대하기 위해 새로운 항로를 발견하거나 새로운 시장을 개척하는 데 국가가 적극적으로 도와주기도 하고, 수입품에 대해 관세를 부과하거나 수입품의 물량을 제한하는 등의 정책을 실시하기도 했습니다. 이런 정책을 중상주의 정책이라고 합니다.

중상주의 정책은 국가의 부를 늘리기 위해 수입을 규제하는 보호 무역 정책의 한 형태라고 볼 수 있습니다. 다음 수업에서 더 자세히 공부하겠지만, 영국으로 수입되는 곡물의 가격을 제한했던 영국의 곡물법도 영국 내의 농업을 보호할 목적으로 시행되었으니 보호 무역의 한 형태라고 생각할 수 있답니다.

보호 무역의 반대 개념인 자유 무역 사상은 영국의 애덤 스미스와 나, 그리고 공리주의자인 제러미 벤담(Jeremy Bentham) 등을 중심으로 체계화되었습니다. 인터뷰에서 잠깐 언급되었던 나의 정신적 스승인 애덤 스미스는 『국부론』에서 국가의 통제와 간섭이 없는 개인의 자유로운 경제 활동이 개인과 사회 전체의 부를 극대화할 수 있다고 주장하였습니다. 이러한 사상을 자유방임주의 또는 야경(夜警) 국가론이라고 하는데, 이 사상은 당시 중상주의 정책에 정면으로 반대하는 것으로, 많은 사람들에게 사회적 충격으로 받아 들여졌습니다. 물론 원료를 수입하고 이를 가공해 수출하는 산업 자본가들은 애덤 스미스의 주장을 강력히 지지하였지만요.

애덤 스미스는 특히 미국이 자국의 산업을 보호하기 위해 영국의 수출품에 대해 관세를 부과하는 정책을 시행해서는 안 된다고 주장하며, 미국의 보호 무역 정책을

공리주의

19세기 중반 영국의 제러미 벤담, 존 스튜어트 밀 등을 중심으로 전개된 사회사상으로, 효용 또는 행복을 가치 판단의 기준으로 봅니다. 공리주의는 쾌락과 행복을 추구하는 개인의 이기심을 전제로 하기 때문에 애덤 스미스나 리카도의 경제적 자유주의와 의견을 같이 하지요.

제러미 벤담

영국의 윤리학자로, 인간 행위의 동기는 쾌락을 추구하고 고통을 피하는 데 있으며, 인생의 목적은 '최대 다수의 최대 행복'의 실현에 있다고 말했습니다. 행복을 증가시키기 위해서는 경제적으로 자유방임해야 한다고도 주장하였지요.

자유방임주의

18세기 중엽 이후 개인의 경제 활동에 대해 국가 또는 정부는 가능한 간섭을 하지 않고 자연적 흐름에 맡겨 두어야 한다는 사상을 말합니다.

야경 국가론

국가의 임무는 대내적으로 치안 유지 및 최소한의 공공사업 참여에 한정하고, 경제 활동 등 나머지 활동은 개인의 자유에 맡기는 것이 바람직하다는 근대의 자유주의적 국가관을 말합니다.

알렉산더 해밀턴

미국의 정치가로 미국 독립 전쟁 중 대통령인 워싱턴의 부관으로 활약하였습니다. 해밀턴이 발표한 논문 「연방주의자」는 미국의 정치사상을 알기 위한 귀중한 자료가 되었습니다.

교과서에는

보호 무역의 대표적 수단은 관세입니다. 비관세 장벽은 수입을 억제하기 위해 관세 이외의 여러 가지 수단을 동원하는 것을 말하며, 대표적인 예로 수입 수량 제한 제도(수입 쿼터)가 있습니다.

강하게 비판하기도 하였습니다.

애덤 스미스가 비판한 미국의 보호 무역 정책은 1791년 미국의 초대 재무 장관이었던 **알렉산더 해밀턴**(Alexander Hamilton)에 의해 시행된 정책이었습니다. 그는 국가의 독립을 확보하고 국민 경제를 발전시키기 위해서는 관세, 보조금, 면세 등의 보호 수단을 이용하여 자국 산업을 적극 보호해야 한다는 보호 무역에 관한 의견을 내놓았습니다. 현재는 자유 무역의 중요성을 강조하면서 세계화의 선두에 있는 미국이 처음에는 자국 산업을 보호하기 위해 보호 무역을 주장했다는 것은 재미있는 사실이지요.

"미국과 같은 후진국은 자기 발로 설 수 있을 때까지 정부가 국내 산업을 보호해야 한다."

— 알렉산더 해밀턴

미국 내에서도 자유 무역과 보호 무역에 대해 많은 논란이 있었지만 남북 전쟁(1861~1865)이 북부의 승리로 끝나면서 해밀턴 재무 장관의 보호 무역을 지지하는 쪽으로 무역 정책이 유지되었습니다. 남북 전쟁이 무슨 계기가 됐냐고요? 미국에서 일어난 남북 전쟁은 영국으로 목화, 곡물 등을 자유롭게 수출하고자 하는 남부 사람들

과 미국 내 산업을 보호하기 위해 보호 무역을 해야 한다는 북부 사람들과의 싸움이라고도 볼 수 있기 때문입니다.

독일의 경우에도 1800년대 초반 프리드리히 리스트(Friedrich List)를 중심으로 민족주의적 보호 무역이 등장했습니다. 리스트는 후진국이 아무리 열심히 일한다고 해도 성장하지 못하고, 부가 선진국으로 흘러가는 현상이 발생한다고 주장하였지요. 독일의 유치산업(Infant Industry)을 성장시키고 국가와 민족이 발전하기 위해서는 품질과 기술면에서 월등히 앞서 있는 영국의 수입품에 대해 관세를 부과하지 않으면 안 된다는 것이었습니다.

"선생님, 그런데 유치산업이 뭐예요?"

유치산업이란 개발 초기에는 생산 비용이 많이 필요
하기 때문에 국제 경쟁력이 없으나, 시간이 흐름에 따라
장래에는 경쟁력을 가질 수 있는 초기 산업을 말합니다.
Infant가 유아기(幼兒期)라는 의미거든요.

이러한 논리를 바탕으로 리스트는 애덤 스미스의 자
유방임주의는 신뢰하면서도 자유 무역을 반대하는 이론
을 정립하게 된 것입니다.

"…… 보호 관세와 항해 규제를 통해 다른 국가들이
감히 경쟁에 나설 수 없을 정도로 산업과 운송업을 발전
시킨 국가(영국)의 입장에서는 정작 자신이 딛고 올라온
사다리(정책, 제도)는 치워 버리고, 다른 국가들에게는 자
유 무역의 장점을 강조한다. 지금까지 자신이 잘못된 길
을 걸어왔고, 뒤늦게 자유 무역의 가치를 깨달았다고 참
회하는 어조로 선언하는 것보다 더 현명한 일은 없을 것이다."

—프리드리히 리스트『정치 경제의 국민적 체계』

이후 1870년 초에 유럽에서는 농업 부문의 불황에 이어 공황
(1873~1896)이 발생하게 됩니다. 독일과 오스트리아에서 발생한 증
권 시장 붕괴로 기업이 도산하고, 국가까지 부도가 나는 사태가 발

생하게 되었지요. 이는 유럽 전역과 미국으로까지 확산되었습니다. 이것이 세계적인 금융 위기의 효시였습니다.

이 공황으로 말미암아 유럽 대부분의 나라는 자유 무역 대신 보호 무역으로 정책을 전환하고 자국의 산업을 보호하게 되었답니다. 이전까지는 국가별로 자국의 상황에 의해 보호 무역을 실시했다면, 이때는 유럽 전역에서 보호 무역 정책이 실시되었지요. 이때부터 원료 공급원이자 제품 판매 시장인 식민지를 쟁탈하기 위한 강대국 간의 대립이 심화되었습니다.

자국의 이익만을 위한 과열된 보호 무역 정책과 식민지 쟁탈전은 결국 제1차 세계 대전으로까지 이어지게 됩니다. 제1차 세계 대전은 많은 사람들을 죽음으로 몰아넣었지만 세계 경제는 다시 활력을 얻게 되었습니다. 이상한 얘기처럼 들릴지 모르지만 세계적인 경제 공황 다음에는 꼭 전쟁이 뒤따르면서 모든 문제가 해결되는 역사적 우연이 발생한답니다. 어쩌면 필연인지도 모르겠네요.

어쨌든 제1차 세계 대전으로 세계 경제는 다시 회복되고, 1920년 대까지 호황을 맞게 됩니다. 그러면서 전 세계의 무역 질서는 다시 자유 무역을 지지하는 쪽으로 돌아오게 되었지요. 하지만 그것도 잠시, 역사상 가장 심각했던 1929년 대공황이 발생하면서 다시금 보호 무역 정책이 고개를 들게 됩니다.

유럽에서 발생한 제1차 세계 대전으로 미국은 경제적 번영을 누리면서 명실상부 세계 최고의 경제 대국이 되었습니다. 전쟁에 휘말려 있는 유럽에 군수품 및 생필

1929년 대공황
1929년 10월 24일 뉴욕 월가 (街)의 뉴욕 주식 거래소에서 주가가 대폭락한 데서 발단된 세계 공황입니다. 물가의 폭락, 생산의 축소, 경제 활동의 마비 등을 발생시켰으며, 이 여파는 1939년까지 이어졌습니다.

19세기 세계 무역 비중   20세기 초 세계 무역 비중

품을 수출하면서 많은 부를 축적할 수 있었기 때문이었지요. 문제는 제1차 세계 대전이 끝나면서 갑자기 팔 곳이 없어져 버렸다는 것입니다. 제1차 세계 대전 기간 동안 마구 확장해 놓은 생산 시설에서 생산되는 재화들이 팔리지 않아 재고가 늘어나면서 기업들은 부도가 나기 시작했고, 결국 1929년 10월 24일 미국의 주가가 대폭락하게 되었습니다.

　미국으로부터 시작된 대공황은 1939년까지 전 세계를 다시금 불황의 늪에 빠트렸지요. 전 세계적 대공황 앞에서 모든 국가들은 자국의 산업을 보호하기 위해 또 다시 보호 무역 정책으로 돌아서게 되었습니다.

　너무 현대까지 와버렸네요. 이러다가 모든 경제사를 정리해 버리겠어요. 여기까지의 경제사를 간단히 요약해 보면, 자유 무역은 가장 먼저 산업 혁명을 이룩한 영국을 중심으로 국민 경제의 건설과 발전을 도모하고자 국제 무역에 있어서 일반적으로 전개해 온 무역 이론이라는 것입니다. 그리고 자유 무역에 대한 이론적 기반을 제공한 것은 애덤 스미스와 나를 포함한 여러 학자들이었고요.

　물론 각국의 경제 상황이나 전 세계적인 경제 공황으로 중간 중간 보호 무역 정책이 실시된 적도 있었지만, 애덤 스미스가 국부론을 출간한 이후부터 현재까지 자유 무역은 세계 무역 질서를 주도하고 있습니다.

자유 무역과 보호 무역의 영향

자유 무역과 보호 무역은 그때그때의 시대적, 경제적 상황에 영향을 받으며 계속되기도 하고 물러나기도 했습니다. 어떤 점들이 자유 무역과 보호 무역을 가능하게 했는지 살펴보도록 합시다. 먼저 자유 무역을 통한 수출과 수입의 증가가 자국 경제에 미치는 영향에 대해서 알아보도록 할게요.

　수출의 증가는 수출품을 생산하는 기업뿐만 아니라 이와 관련된 산업의 생산을 증가시킵니다. 따라서 수출 관련 생산이 늘어남에 따라 고용이 증가하면 국민들의 소득도 증가하게 되지요. 하지만 수출이 언제나 좋은 것만은 아닐 수도 있습니다. 수출의 증가로 인해 수출품을 만드는 데 필요한 원자재나 자본재를 수입해야 하는 문제점도 생기기 때문입니다.

수출이 늘어나면서 생기는 파생 효과

생산 유발 효과	수출품의 생산과 수출품을 만들기 위해 필요한 다른 재화의 생산을 증가시키는 효과
고용 및 소득 유발 효과	수출 산업과 이와 관련된 다른 산업의 생산이 증가하면서 노동자에 대한 고용이 증가하고, 그들의 소득이 증가하는 효과
수입 유발 효과	수출품 생산을 위해 수입의 증가를 유발시키는 효과

출처 : 경제, 이것이 궁금하다. KDI편저

반대로 수입이 늘어나면 어떨까요? 수입이 증가하면 국내 생산이 감소될 수 있습니다. 수입품이 들어오기 전까지 국내에서 생산되던 재화가 수입품에 의해 대체되기 때문이지요. 생산이 감소하면 고용이 줄어들게 되어 결국에는 국민 소득이 감소하게 됩니다. 이것이 보호 무역을 내세우는 사람들이 가장 중요하게 생각하는 부분이지요.

하지만 수입이 항상 부정적인 결과만 가져오는 것은 아닙니다. 국내에 부족한 원자재의 수입을 통해 오히려 국내 생산을 촉진할 수도 있고, 수입품과의 경쟁 속에서 국내 산업의 경쟁력이 향상될 수도 있기 때문이지요. 그리고 이렇게 향상된 경쟁력은 더 많은 수출로 이어질 수도 있고요. 많은 재화가 수입되면 국민들이 선택할 수 있는 재화의 종류가 많아지고, 가격도 낮아질 수 있기 때문에 싼 값으로 더 좋은 재화를 소비할 수 있는 이점도 생기게 된답니다. 한마디로 국민들이 더 풍족한 생활을 할 수 있게 되는 것이지요.

수입이 늘어나면서 생기는 파생 효과

생산 촉진 효과	국내에 부족한 원자재를 수입해 국내 생산이 촉진되는 효과
국내 산업의 경쟁력 향상	수입품과의 경쟁으로 국내 산업 경쟁력이 향상되는 효과
국민의 만족감 증가	값싸고 다양한 재화의 소비가 가능해져 국민들의 만족감이 증가하는 효과

출처 : 경제, 이것이 궁금하다. KDI편저

이처럼 자유로운 국제 교역은 자국의 경제 성장과 전 세계 경제 발전에 도움을 준다는 점에서 굉장히 의미 있는 경제 정책이라고 할 수 있습니다. 하지만 최근에는 자유 무역만이 정답이라고 말할 수는 없답니다. 학자들도 저마다 서로 다른 의견을 내놓으며 자유 무역 혹은 보호 무역을 옹호하고 있는 상황이지요.

이제 막 새로운 산업을 시작해서 시장의 규모가 작은 나라의 경우, 수입을 규제하면 새로운 시장에서 자리를 잡을 때까지 자국의 산업을 보호할 수 있어서 시장의 규모를 키우는 데 도움을 줄 수 있거든요. 자유로운 무역으로 자국 산업의 경쟁력을 향상시키려 했지만, 값싸고 질 좋은 수입품에 밀려 자국 산업이 붕괴되는 일도 있을 수 있고요.

하지만 나는 보호 부역보다 자유 무역이 세계 경제에 더 많은 이익을 가져다 줄 것이라고 생각합니다. 보호 무역은 결국 자국의 경쟁력 향상으로 이어지지 않아 국제 경쟁에서

> **교과서에는**
>
> 나라마다 발전 단계에 따라 자유 무역의 이익이 달라집니다. 따라서 경쟁력이 없는 자국의 산업을 보호하기 위해서 또는 자국 경제를 보호하기 위해서 일부 국가는 보호 무역 정책을 취하기도 합니다. 그러나 보호 무역은 장기적으로 자국 산업의 경쟁력을 약화시키고, 전체적인 재화 생산의 감소로 국민의 효용을 감소시킬 수 있습니다.

뒤처지게 되는 요인이 될 수 있기 때문이지요.

세계화와 신자유주의

많은 사람들이 현대 경제 체제의 특징을 세계화(Globalization, 世界化) 또는 신자유주의(Neo-liberalism, 新自由主義)라고 합니다. 세계화란 국경의 한계를 벗어나서 세계 표준의 규격, 규범, 가치관을 통용시키고자 하는 움직임을 뜻합니다. 즉, 세계적으로 두루 쓰이는 하나의 기준이나 표준을 통해 국가 간의 교류를 더 원활히 하여 서로를 이해하고 받아들이려는 것이지요.

신자유주의는 시장의 자유가 자원을 효율적으로 사용하게 할 것이기 때문에 정부의 시장 개입을 최소화할 것을 주장합니다. 따라서 신자유주의는 보호 무역 철폐, 즉 자유 무역을 통해 경제 성장과 발전을 이뤄나가는 것이 더 중요하다고 주장하는 사상이라고 할 수 있습니다. 참고로 신자유주의라는 용어는 과거 애덤 스미스의 자유방임주의 사상으로부터 유래된 것이랍니다.

세계화와 신자유주의 사상을 바탕으로 적극적인 시장 개방과 자유 무역을 통해 이익을 보려는 많은 나라들 간에 협상이 이루어지고 있습니다. 이 협상의 결과로 만

교과서에는

최근에는 상품뿐만 아니라 서비스, 노동, 자본 같은 생산 요소도 각국에서 자유롭게 이동하고 있습니다. 세계화 추세는 시장이 확대되는 기회가 되는 동시에, 그만큼 경쟁이 심해진다는 부담을 느끼게 합니다. 따라서 세계화의 물결을 얼마나 성공적으로 헤쳐 나갈 수 있는지에 경제의 앞날이 달려 있다고 할 수 있습니다.

신자유주의

국가의 시장 개입을 비판하고, 시장의 기능과 민간의 자유로운 활동을 중시하는 이론입니다. 1970년대부터 케인스 이론을 도입한 수정 자본주의의 실패를 지적하고, 경제적 자유방임주의를 주장하면서 본격적으로 나타났습니다.

들어진 대표적인 국제기구가 바로 세계 무역 기구(World Trade Organization; WTO)이지요.

WTO는 전에 없었던 강력한 국제기구라는 특징을 갖습니다. 이전까지의 세계 무역 질서는 관세 및 무역에 관한 일반 협정(General Agreement on Tariffs and Trade; GATT)에 의해 이루어졌는데, 이 체제를 대신하여 좀 더 강력한 국제기구를 만들자는 데에 의견이 모아졌고, 우루과이 라운드(Uruguay Round of Multinational Trade Negotiation; UR)가 타결되면서 1995년 1월 1일에 WTO가 만들어지게 된 것입니다.

WTO는 국가 간 무역 분쟁에 대한 판결권과 그 판결에 대해 강제적으로 명령을 할 수 있는 권한이 부여되어 자유 무역을 위한 대표적인 국제기구가 되었습니다.

모든 나라의 무역에 대해 관여할 수 있는 WTO같은 국제기구 외에, 두 국가 간에 자유로운 무역을 위해 체결하는 협정도 있습니다. 여러분도 많이 들어봤을 겁니다. 바로 자유 무역 협정(Free Trade Agreement; FTA)입니다.

몇 개의 나라 간에 자유 무역 협정을 맺어 협상을 한 일정한 재화에 대해 관세를 없애거나 관세율을 낮게 조절하면 협정을 맺은 국가 간의 무역이 더 활발해질 수 있답니다. 한국도 칠레를 시작으로 싱가포르, 인도, 페루, 미국 등 많은 나라와 자유 무역 협정을 맺었다고 들었습니다.

세계 무역 기구
관세 및 무역에 관한 일반 협정 체제를 대신하여 세계 무역 질서를 세우고, 우루과이 라운드 협정이 하는 일을 감시하는 국제기구입니다. 153개국(2008년 기준)이 회원국으로 있으며, 본부는 스위스 제네바에 있습니다.

관세 및 무역에 관한 일반 협정
관세 이외의 모든 무역 장벽의 제거를 기본 원칙으로 하여, 궁극적으로 완전한 자유 무역의 달성을 위해 체결된 국가 간의 협약입니다. 소위 '라운드(round)'라고 하는 다자간 협상을 통하여 관세율을 내리고, 비관세 장벽을 없애는 일을 추진하여 왔습니다.

우루과이 라운드
1986년 9월 116개국의 대표가 우루과이에 모여 세계 각국의 무역 장벽을 없애기 위해 진행한 다자간 무역 협상으로, 1994년에 타결하였습니다.

자유 무역 협정
특정 국가 간의 상호 무역을 증진하기 위해 회원국 간 관세 폐지를 기본으로, 물자나 서비스의 이동을 자유화시키는 협정입니다. 우리나라는 칠레와 처음으로 협정을 맺었습니다.

경제적 환경이나 경제 발전 단계 등 여러 가지 상황을 생각해 봤을 때, 자유 무역만이 세계 경제에 좋은 영향을 미친다고 단정 지을 수는 없지만, 최근 세계 경제 질서가 자유 무역이라는 큰 틀 안에서 움직이고 있다는 사실은 부인할 수 없을 것입니다.

◆ 리카도가 들려주는 자유 무역 이야기

공리주의와 자유 무역

공리주의는 19세기 중반에 영국에서 나타난 사회사상입니다. 공리주의는 공리성(utility)을 가치 판단의 기준으로 보고, 인간을 언제나 쾌락을 추구하고 고통을 피하려 하는 본성을 지닌 존재로 생각하고 있습니다. 따라서 공리주의에 따르면 인간의 쾌락과 행복을 늘리는 데 기여하는 것은 선한 행위이고, 고통과 불행을 가져다주는 데 기여하는 것은 악한 행위라고 할 수 있지요. 이처럼 행위의 선하고 악함을 쾌락의 기준으로 정하는 원리를 '공리의 원리(Principle of utility)'라고 합니다.

공리주의는 19세기 초 영국에서 곡물법 폐지와 자유 무역을 주장하는 자유주의적 경제 개혁의 배경 사상으로 자주 인용되었습니다. 개인의 이기심이 세상을 움직이는 동력이라고 생각했던 애덤 스미스의 자유주의 사상과 공리주의 사상이 일맥상통했기 때문이지요.

애덤 스미스는 우리가 저녁 식사를 할 수 있는 것은 푸줏간 주인이나 양조장 주인, 빵 제조업자들이 다른 사람들을 돕기 위한 마음을 가지고 있기 때문이 아니라, 그들의 돈벌이에 대한 관심 때문이라고 말합니다. 공리주의도 애덤 스미스의 경제 원리처럼 쾌락과 행복을 추구하려는 개인의 이기심을 전제로 하고 있지요.

대표적인 공리주의자 제러미 벤담과 존 스튜어트 밀의 주장을 들어볼까요?

"최대 다수의 최대 행복(the greatest happiness of the greatest number), 즉 나의 선택이 다른 사람들에게 영향을 미칠 경우 나는 개개인이 누릴 수 있는 쾌락의 합산 양이 최대인 길을 선택해야 한다."

—제러미 벤담

"자유라고 불릴 가치가 있는 유일한 자유는 다른 사람의 행복을 빼앗으려 하거나 행복을 얻으려는 다른 사람의 노력을 방해하지 않는 한, 우리가 좋아하는 방식으로 우리의 행복을 추구하는 자유이다."

—존 스튜어트 밀

이처럼 최대 다수의 최대 행복의 실현을 목표로 한 공리주의자들은 애덤 스미스와 리카도처럼 자유 무역을 통해 국가 전체의 이익을 증가시켜 다수의 행복을 추구할 것을 강조하였습니다.

지대와 이윤의 분배

지대가 지불되기 때문에 곡물의 가격이 높은
것이 아니라, 곡물의 가격이 높기 때문에 지대
가 지불되는 것입니다.

곡물법의 배경

앞에서 분업과 교환, 국제 거래가 발생하는 이유부터 자유 무역과 보호 무역이라는 조금 복잡한 문제까지 살펴보았습니다. 그런데 곡물법이 일종의 보호 무역 정책이라고 했던 말, 다들 기억하고 있나요? 자유 무역을 주장했던 나는 곡물법을 폐지해야 한다고 생각했습니다. 이때 지대와 이윤의 분배에 관한 나의 이론이 곡물법을 폐지해야 한다는 주장에 더욱 힘을 실어줄 수 있었지요.

"선생님, 그런데 곡물법이 뭐예요?"

곡물법은 외국에서 수입되는 곡물에 대해 관세를 부과하거나, 일정 가격 이하로는 수입을 금지하는 법을 말한답니다. 곡물법의 유래는 12세기로 거슬러 올라가야 하지만, 나폴레옹이 영국과 전쟁을 치르면서 영국의 산업을 봉쇄시킬 목적으로 시행한 '대륙 봉쇄령'에 의해 영국에 식량이 부족하게 되었던 18세기 말엽부터 이야기를 시작하도록 할게요.

당시 영국은 수입한 양모로 만든 모직물과 동인도 회사나 미국에서 들여온 면사로 만든 면직물 등을 전 유럽 대륙으로 수출하면서 큰 이윤을 얻고 있었습니다. 이때 영국 섬유 산업의 경쟁력은 가히 세계 최고였지요.

프랑스에서도 영국 면직물의 인기는 대단했습니다. 나폴레옹과 그의 부인 조세핀이 옷 때문에 크게 말다툼을 한 적이 있었는데, 조세핀이 입고 있던 영국산 모슬린(Muslin)천으로 된 옷 때문이었다고 합니다. 이 정도로 당시 파리의 멋쟁이 여자들 사이에서 영국산 모슬린 천은 대유행이었습니다. 영국의 면직물 산업이 얼마나 굉장했는지 알겠죠?

이때 유럽에서 전쟁을 벌이고 있던 나폴레옹은 영국을 경제적으로 봉쇄하기 위해 영국과 유럽 대륙의 모든 교역을 금지시켜 버렸습니다. 이를 나폴레옹의 대륙 봉쇄령이라고 하지요.

대륙 봉쇄령은 1806년의 **베를린 칙령**으로 구체화되는데, 이 때문에 영국의 수출 길이 막혔을 뿐만 아니라 유럽 대륙으로부터 영국으로 들어오는 곡물 수입도 덩달아 금지되었습니다. 당연히 많은 식량을 수입하고 있

모슬린
촘촘하게 짠 면사를 표백하지 않은 흰색 직물을 말합니다. 모슬린이라는 이름은 이 직물이 처음 만들어진 이라크의 도시인 '모술'에서 유래했지요.

베를린 칙령
1806년 나폴레옹 1세가 영국을 경제적으로 봉쇄시키기 위해 내린 칙령입니다. 영국 타도를 목적으로 한 이 칙령은 영국뿐만 아니라 나폴레옹 1세의 지배 아래에 있던 대륙의 여러 나라에도 고통을 주었답니다.

었던 영국의 곡물 가격은 크게 뛰어올랐지요.

문제는 나폴레옹의 교역 봉쇄 명령이 오히려 역효과를 가져 오게 되었다는 것입니다. 영국의 값싸고 질 좋은 면직물을 수입할 수 없게 된 유럽의 많은 사람들이 불편을 겪게 되었거든요. 뿐만 아니라 영국에 곡물을 수출하고 있던 여러 국가의 농민들도 어려움을 토로하기 시작했습니다.

조세핀의 모습

그런데 이때 러시아가 대륙 봉쇄령을 어기고 영국과 몰래 무역을 하다가 나폴레옹에게 들키고 말았습니다. 이를 괘씸하게 생각한 나폴레옹은 러시아를 징벌하기 위해 원정을 떠나지만, 러시아의 추운 날씨와 전염병 때문에 러시아에 참패하게 되었지요. 이 패배로 나폴레옹 황제가 몰락의 길로 접어들게 되었다는 사실은 여러분도 잘 알고 있을 겁니다.

1815년 나폴레옹이 전쟁에서 패배한 이후, 대륙 봉쇄령이 해제되고 유럽 대륙의 값싼 곡물이 수입되면서 영국의 곡물 가격이 떨어지는 새로운 문제가 발생하게 되었습니다. 곡물 가격이 떨어져 수입이 줄어든 지주 및 농업 자본가들은 여론의 반대에도 불구하고 1815년 2월, 하원의 다수 의석을 이용하여 소맥 1쿼터당 80실링 이상일 때에만 곡물 수입을 허가 하는 곡물법을 제정하게 되었지요. 즉, 곡물법은 값싼 수입 농산물의 수입을 제한해 영국 내의 지주들을 보호하자는 취지에서 만들어진 것이었습니다.

대륙 봉쇄령이 사라졌음에도 불구하고 영국 스스로 곡물법을 제

정해 곡물 수입 규제에 나서면서, 영국 내의 곡물 가격은 떨어지기는커녕 계속 높은 수준을 유지하게 되었습니다.

누가 이런 법을 만들자고 했다고요? 네, 지주와 곡물 재배를 전문적으로 하는 농업 자본가들이 의회에 로비를 한 결과였습니다. 이로써 전쟁 이후에도 지주와 농업 자본가의 이익은 지속적으로 확보되었지만, 비싼 곡물을 사먹어야 하는 노동자들은 어려움을 겪게 되었답니다. 뿐만 아니라 도시에서 공장을 경영하는 산업 자본가들도 노동자들의 임금 인상 요구에 골머리를 썩었지요. 비싼 곡물을 사먹기 위해서 노동자들은 임금을 올려달라고 요구할 수밖에 없었으니까요. 그 뒤 곡물법이 폐지될 때까지, 영국에서는 30년 넘게 싼 곡물의 수입이 규제되었습니다.

이윤과 지대란 무엇인가

이제 곡물법이 무엇인지 이해가 되었나요? 곡물법은 곡물의 자유로운 수입을 제한하여 영국 내의 곡물 산업을 보호하고자 했던 보호무역 정책입니다. 그런데 과연 외국의 값싼 곡물 수입을 규제하는 것이 영국의 경제 발전을 위한 좋은 결정이었을까요? 아니면 곡물을 자유롭게 수입하도록 하는 것이 더 좋은 방법이었을까요?

나는 곡물법 문제의 중요성을 인식하고, 1815년에 연구 보고서를 발표하였습니다. 연구 보고서의 제목은 「곡물의 저가격이 자본의 이윤에 미치는 영향에 대한 소론(Essay on the Influence of a Low Price of Corn on the Profits of Stock)」이었지요. 보고서의 결론만 미리 말씀드리자면, 곡물을 자유롭게 수입하는 것이 영국의 경제 발전에 더 좋다는 것이었습니다. 과연 어떤 논리를 통해 이런 결론을 끌어낼 수 있었는지 보고서의 자세한 내용을 함께 살펴봅시다.

우선 땅으로부터 발생되는 가치를 정확하게 이해해야 곡물법의 문제점을 제대로 파악할 수 있습니다. 경영자, 노동자, 그리고 지주의 소득은 무엇으로부터 발생하고, 어떻게 나눠지는지 알아볼게요.

땅을 소유한 지주는 땅을 빌려주는 대가로 지대(地代)를 받습니다. 현대로 치면 사무실, 농지, 가게 등을 빌려 주고 받는 임대료가 이에 해당하겠네요. 지주에게 땅을 빌린 사람은 그 땅을 이용해 이윤(利潤)을 얻으려고 합니다. 지주에게 땅을 빌린 대가인 지대를 지불하고 남는 것이 바로 이윤이 되지요. 요즘을 기준으로 생각해 보면 회사나 공장을 경영하거나 곡식을 재배하면서, 또는 음식점을 운영하면서 지불해야 하는 토지 사용료나 임대료 등의 비용을 제외한 나머지 돈을 이윤으로 볼 수 있겠습니다.

그런데 항상 지대를 지불하고 남은 돈이 모두 이윤이 되는 것은 아니랍니다. 사업을 하기 위해서는 노동자를 고용해야 하고, 이에 대한 대가를 지불해야 하기 때문이지요. 이렇게 고용된 사람들이 받는 돈을 임금(賃金)이라고 합니다. 결국 노동자들에게 임금을 준만큼 경영자의 이윤은 줄어들게 됩니다.

결론적으로 땅을 빌려서 공장을 짓고, 재화를 만들거나 곡물을 재배하는 경영자는 재화나 곡물을 팔아서 번 돈 중의 일부는 지주에게 지대로, 일부는 노동자에게 임금으로 지불하고, 남는 돈을 이윤으로 가져가게 됩니다.

경영자가 지주에게 땅을 빌리고,
사람을 고용해서 생산 활동을
하여 얻는 이익

이윤	→ 경영자의 몫
임금	→ 노동자의 몫
지대	→ 지주의 몫

이렇게 소득은 생산 활동에 참여한 대가로 주어지게 됩니다. 노동자는 자신의 노동을 제공해 준 대가로, 지주는 자신의 땅을 빌려 준 대가로, 경영자는 자신의 경영 능력을 발휘한 대가로 각각 소득을 얻게 되는 것이지요. 중요한 것은 땅으로부터 발생되는 곡물의 가치를 경영자와 노동자, 그리고 지주가 나눠 갖게 된다는 것입니다. 그러므로 어느 한 사람의 소득이 많아지면 당연히 다른 사람들의 몫은 작아집니다.

교과서에는

생산에 참여한 대가를 받는 것을 분배 활동이라고 합니다. 분배의 결과 사람들은 재화나 용역 등을 소비할 수 있는 능력을 갖게 됩니다.

자! 그럼 연구 보고서의 본론으로 들어가서 각각의 몫이 어떻게 배분되는지 살펴봅시다. 먼저 〈그림 1〉을 봐주세요. 어떤 나라에 면적은 같지만 비옥도가 다른 토지 3개가 있습니다. 각각의 토지를 경작하면 가장 비옥한 A토지에서는 150쿼터의 밀, 그 다음으로 비옥한 B토지에서는 140쿼터의 밀, B토지보다 덜 비옥한 C토지에서는 130쿼터의 밀을 얻을 수 있습니다. 이 나라는 지주와 지주에게 토지를 빌려 경작하는 농업 경영인, 그리고 노동자로 구성되어 있고, 오직 밀만을 생산하는 단순한 경제 구조를 가지고 있다고 생각해 봅시다. 또한 각각의 토지를 경작하는 데 100쿼터의 밀을 임금으로 지불해야 한다고도 가정해 보지요.

가장 비옥한 토지인 A토지만 경작할 경우 150쿼터의 밀을 수확할 수 있으며, 이중 100쿼터의 밀은 농사를 짓는 데 노동을 제공한 노동자에게 임금으로 지불하게 됩니다. 그러면 토지를 빌려 경영한 농업 경영인은 50쿼터의 밀을 이윤으로 얻게 되지요.

(단위 : 쿼터)

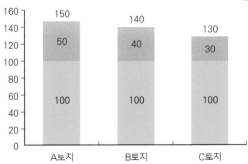

〈그림 1〉 세 개의 토지당 수확량과 이윤

"그런데요, 선생님. 지주에게 지대는 안 줘도 되나요?"

"자음아, 세상에 공짜가 어디 있니? 당연히 지불해야지."

하하, 모음이 말대로 세상에 공짜는 없습니다. 하지만 A토지만 경작될 경우에는 지대를 지불하지 않아도 된답니다. 지대를 지불하는 것이 당연할 것 같은데, 참 이상하지요? 이렇게 한번 생각해 봅시다. 만약 농업 경영인이 이 땅을 빌리지 않았다면 어떨까요? 이 땅은 그냥 버려져 있어서 아무런 이익도 얻을 수 없는 땅이었을 것입니다. 그러므로 농업 경영인이 이 땅을 빌려 달라고 할 때, 지주 입장에서 지대를 받지 않고 빌려 준다고 해도 손해 볼 것이 없게 됩니다. 때문에 지대를 받지 않고도 땅을 빌려 줄 수 있는 것이지요.

다른 측면에서 생각해 볼까요? A토지는 **소작농**에 의해 겨우 경작되어 100쿼터의 밀을 생산할 수 있는 땅이

소작농
지주에게 일정한 곡물이나 돈을 주고 농지를 빌려 농사를 짓는 것, 또는 그런 농민을 말합니다.

었다고 볼 수도 있습니다. 이런 땅에서 농업 경영인이 전문적인 경영 기법을 이용해 50쿼터의 밀을 추가적으로 생산하면, 100쿼터의 밀을 소작농에게 임금으로 나눠 주고 나머지 50쿼터를 자신의 이윤으로 가져가도 과거와 달라지는 것은 아무것도 없게 됩니다. 그러므로 A토지만 경작될 때에는 지대를 지불하지 않아도 되는 것이지요.

그런데 이 나라의 인구가 증가하면 어떻게 될까요? A토지에서 생산된 밀만으로는 식량이 턱없이 부족해져서 모든 국민들이 배불리 먹을 수 없게 됩니다. 결국 B토지까지 경작해서 추가적으로 밀을 더 재배해야 하는 상황이 발생하게 되지요. 이전에는 아무 데도 쓸모없는 토지였지만, 이때부터는 B토지도 경제적 가치가 생기게 됩니다. B토지까지 경작하게 되면서 A토지의 가치도 새롭게 부각되기 시작하지요. 토지를 빌려 곡물을 생산하면 이윤이 생길 것을 예상한 농업 경영인들이 B토지보다 더 많은 밀을 재배할 수 있는 A토지를 놓고 경쟁을 벌일 것이기 때문입니다.

A토지의 지주는 누구에게 토지를 빌려 줄지 고민하지만, 사실 해결 방법은 이미 결정되어 있답니다. 그게 누구냐고요? 바로 지대를 더 많이 지불하겠다는 사람입니다.

농업 경영인들은 이제 지대 없이는 빌릴 수 없는 A토지를 빌리기 위해서 지대로 얼마를 지불해야 자신도 이익을 얻을 수 있을지를 고민하게 됩니다. A토지에서 곡물을 재배할 때, 자신이 얻을 수 있는 이익과 손해를 B토지에서 재배할 때와 비교하게 되는 것이지요. 현명한 농업 경영인이라면 다음과 같은 생각을 하게 될 것입니다.

'B토지를 경작하면 140쿼터의 수확량을 얻을 수 있고, 100쿼터의 밀을 임금으로 지불하고 나면 40쿼터의 밀을 이윤으로 얻을 수 있을 거야. A토지를 경작하고 얻을 수 있는 이익은 50쿼터니까, A토지를 빌리면서 최소 10쿼터보다 적은 밀을 지대로 낸다면 B토지를 경작하는 것보다 이윤이 남겠군.'

어떤 사람이 A토지를 경작하는 데 5쿼터의 밀을 지대로 내겠다고 하면 다른 사람은 6쿼터의 밀을 지대로 내겠다고 제안할 것입니다. 6쿼터의 밀을 지대로 지불하여도 B토지를 경영하는 것보다 4쿼터의 밀만큼 더 이익을 볼 수 있을 테니까요. 하지만 또 다른 사람은 이보다 더 많은 밀을 지대로 납부하겠다고 제안할 것입니다. 더 많은 밀을 지대로 납부해도 아직 B토지를 경영하는 것보다 더 많은 이익을 얻을 수 있기 때문이지요.

A토지를 빌리려는 농업 경영자들의 경쟁은 점점 A토지의 지대를 최대 10쿼터의 밀에 가깝게 만들 것입니다. 더 정확히 표현하면 A토지의 지대는 10쿼터로 수렴하게 됩니다.

> **수렴**
> 의견이나 사상이 여럿으로 나뉘어 있는 것을 하나로 모으는 것을 의미합니다. 수학에서는 어떤 일정한 수의 근처에 나머지 항이 모여 있는 현상을 말합니다.

결국 〈그림 2〉와 같이 A토지를 경작하게 된 농업 경영인은 10쿼터의 밀을 지대로 납부하고, 40쿼터의 밀을 이윤으로 가져가게 됩니다. 그런데 이때 B토지를 경작하는 농업 경영인은 지대를 납부해야 할까요?

"흠…… 처음 A토지만 경작했을 때랑 상황이 비슷하네요?"
"그럼 지대를 지불하지 않아도 되는 건가요?"

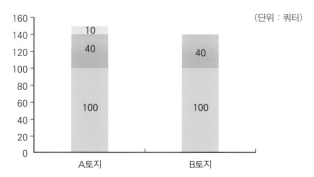

(단위 : 쿼터)

<그림 2> 두 개의 토지당 수확량과 이윤과 지대

네, 여러분의 실력이 조금씩 늘고 있는 것 같네요. 맞습니다. B토지를 경작하면 지주에게 지대를 납부하지 않아도 되기 때문에 농업 경영인은 40쿼터의 밀을 이윤으로 얻게 됩니다. 처음에 A토지만 경작되던 상황과 비슷한 논리가 적용되기 때문이지요.

이번에는 인구가 좀 더 증가하여 C토지도 경작되어야 하는 상황이 발생했다고 해 볼게요. 이때부터는 A토지뿐만 아니라 B토지를 빌리기 위한 농업 경영인들의 경쟁이 시작됩니다. 물론 A토지를 차지하기 위한 경쟁은 더욱 심해지겠지요.

앞에서 설명했던 것과 같은 원리로 B토지에도 10쿼터의 곡물을 지대로 지불하게 되는 상황이 발생하게 됩니다. 중요한 것은 이때 A토지를 빌리기 위해서는 B토지까지 경작했을 때 지불했던 10쿼터보다 더 많은 20쿼터의 밀을 지대로 지불해야 한다는 것입니다. A토지를 빌리기 위한 지대는 B토지를 빌리면서 얻을 수 있는 추가적인 이윤을 고려해야 하기 때문입니다.

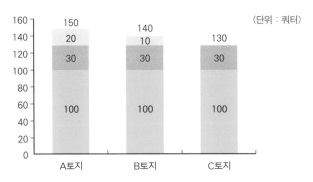

〈그림 3〉 세 개의 토지당 수확량과 이윤과 지대

결국 C토지까지 경작하게 되면 A토지에서는 20쿼터의 밀이, B토지에서 10쿼터의 밀이 지주에게 돌아갑니다. 그리고 각각의 농업 경영인은 A토지에서 30쿼터, B토지에서 30쿼터, C토지에서 30쿼터로 총 90쿼터의 밀을 이윤으로 얻게 되지요. 노동자는 각 토지에서 100쿼터의 밀을 임금으로 받아 총 300쿼터의 밀을 얻게 됩니다.

지대율과 이윤율의 변화

이러한 논의를 확대해 나가면 굉장히 중요한 결론에 도달할 수 있습니다. 단순한 논리 같지만 나는 여기에서 더 많은 토지를 경작할 때, 지주와 농업 경영인, 그리고 노동자에게 돌아가는 소득 분배의 변화 원리를 끌어냈답니다.

우선, 경작해야 하는 토지가 늘어남에 따라 들어가는 노동력에 비

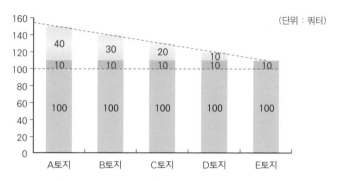

（단위 : 쿼터）

〈그림 4〉 E토지까지 경작될 경우의 이윤과 지대

해 토지당 수확량은 점점 줄어든다는 것을 알 수 있습니다. 곡물을 생산하는 데 이용되는 경영 방식이나 노동력은 동일하지만, 토지의 비옥도는 점점 낮아지기 때문에 수확량이 줄어드는 것이지요.

점점 더 많은 토지를 경작하게 되더라도 같은 면적의 토지에서 생산되는 생산량이 줄어듦에 따라 농업 경영인의 이윤도 점점 줄어들게 됩니다. 그런데 이때 이상하게도 지주의 지대는 점점 늘어나지요.

자, 그럼 다른 조건이 앞과 동일하다고 할 때, 〈그림 4〉처럼 가장 척박한 토지 E까지 경작해야 되는 상황을 생각해 보겠습니다. 지주는 A토지에서는 40쿼터, B토지에서는 30쿼터, C토지에서는 20쿼터, D토지에서는 10쿼터의 밀을 지대로 받을 수 있게 되므로, 총 100쿼터의 밀이 지주들의 지대로 돌아가게 됩니다. 하지만 농업 경영인들의 총이윤은 50쿼터의 곡물밖에 되지 않습니다. 각 토지에서 10쿼터의 곡물에 해당하는 이윤만을 얻게 될 테니까요.

C토지까지 경작되었을 때, 지주들의 총 지대와 농업 경영인들의

총이윤이 각각 밀 30쿼터와 밀 90쿼터였던 것을 기억하시나요? 〈그림 3〉과 〈그림 4〉에서 총 수확량 중 지대와 이윤이 차지하는 비율을 표로 정리해 보겠습니다.

경작되는 토지에 따른 임금, 지대율, 이윤율의 변화 (단위 : 쿼터, %)

구분	C토지까지 경작될 경우		E토지까지 경작될 경우	
	쿼터	비율	쿼터	비율
총 수확량	420	100	650	100
총임금	300	71.42	500	76.92
총 지대	30	7.14	100	15.38
총이윤	90	21.42	50	7.69

C토지까지 경작될 경우, 총 수확량에서 지대로 돌아가는 지대율과 농업 경영자에게 돌아가는 이윤율은 각각 7.14%, 21.42%였지만, 점점 더 많은 토지가 경작되어 E토지까지 경작될 경우 지대율은 15.38%로 증가하고, 이윤율은 7.69%로 감소하는 것을 알 수 있습니다.

결국 인구가 증가함에 따라 점점 덜 비옥한 토지까지 경작하게 될수록 각 토지의 지주에게 돌아가는 지대는 늘어 가지만, 농업 경영인 1인당 이윤은 줄어들게 된다는 결론에 도달할 수 있습니다.

나는 「곡물의 저가격이 자본의 이윤에 미치는 영향에 대한 소론」을 발표한 이후, 일곱 군데의 토지를 구입했습니다. 나의 예상은 그대로 적중했고, 덕분에 큰돈을 벌 수 있었지요. 하지만 내가 이 이론을 연구하고 발표한 것은 단순히 돈을 벌기 위해서가 아니었습니다.

나는 이 논리를 통해서 앞으로 영국 국민들이 겪게 될 안타까운 영국의 경제 현실을 증명하고, 곡물법 폐지의 정당성과 더불어 자유 무역의 필요성을 알리고 싶었습니다.

만약 계속적으로 인구가 증가해서 E토지에 이어 F토지까지 경작해야 된다면 어떻게 될까요? 지주의 지대율은 더더욱 늘어나게 되지만, 농업 경영인이 얻을 수 있는 이윤율은 결과적으로 0에 수렴하게 될 것입니다. 이런 상황까지 오게 되면 이윤을 더 얻고자 하는 농업 경영인들에 의해 노동자들의 소득이 착취되는 일이 발생할 수도 있습니다.

만약 최소한의 경제생활을 하기 위해 필요한 노동자의 소득이 밀 100쿼터라면, 농업 경영인에 의해 100쿼터도 못 되는 임금을 받게 되는 노동자는 경제적으로 큰 불편을 겪게 될 것입니다. 분명 사회

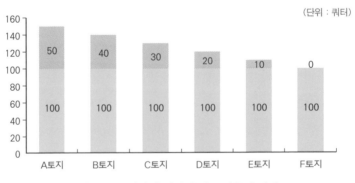

〈그림 5〉 F토지까지 경작될 경우 이윤과 지대

적으로도 엄청난 혼란이 발생하겠지요. 결국 지주는 손해 볼 것이 없겠지만, 농업 경영자와 노동자는 얼마 안 되는 이윤을 놓고 나눠 가져야 하는 상황에 처하게 될 것입니다.

이윤율 하락의 영향

점점 덜 비옥한 토지까지 경작하게 됨에 따라 지주의 지대율은 점점 상승하지만, 자본가의 이윤율은 점점 하락하게 된다는 것이 지대와 이윤의 분배에 대한 나의 결론입니다. 아주 단순한 논리에서 시작했지만, 땅으로부터 나오는 곡물이 지주와 농업 경영인, 그리고 노동자에게 어떻게 분배되는지를 논리적으로 설명함으로써 곡물법 폐지에 대한 주장을 뒷받침할 수 있었지요.

하지만 농업 부문에서 나타난 소득 분배 변화의 문제점은 여기에서 끝나지 않는답니다. 나의 정신적 스승인 애덤 스미스가 지적했듯이, 농업 부문의 이윤율 저하 현상은 다른 산업에까지 영향을 미칠 것이기 때문이지요. 농업 부문의 이윤율이 낮아지는 상황에서 다른 부문의 이윤율만 높아지는 것은 현실적으로 있을 수 없는 일이거든요.

점점 더 많은 토지가 경작되어 농업 부문의 이윤율은 낮아지는데, 무역 부문의 이윤율은 상대적으로 높은 상황을 생각해 봅시다. 이 같은 상황이 발생하면 농업에 집중되었던 자본은 토지에서 빠져 나

와 무역업에 몰리게 될 것입니다. 더 많은 이윤을 얻으려는 당연한 결과겠지요. 하지만 무역업에 더 많은 자본이 몰리면서 자연스럽게 무역업의 이윤율은 떨어지게 됩니다. 무역업을 하는 사람이 많아지면서 경쟁이 더 심해지면, 결국 무역으로 얻는 이윤율이 감소할 테니까요.

결국 이 과정은 무역업뿐만 아니라 다른 산업에도 똑같이 적용되어 모든 산업의 이윤율이 떨어지는 결과를 낳게 됩니다. 그리고 다른 산업들의 이윤율 하락은 자본가의 자본 축적률을 하락시켜 국가 경제 전반의 성장을 더디게 하는 무시무시한 결과를 낳게 되지요.

나는 지금까지의 주장을 바탕으로 곡물법을 반대하고, 자유 무역의 필요성을 주장하였습니다. 다시 한번 정리해 볼까요? 요컨대 영국 정부가 특정 가격 이하의 곡물 수입을 금지시킴으로써 영국 내의 곡물이 부족해지고, 이로 인해 곡물 가격이 높은 수준에 머물러 있게 되면, 어쩔 수 없이 점점 덜 비옥한 토지까지 경작할 수밖에 없는 상황에 처하게 됩니다. 이 과정에서 지주의 지대는 늘어나지만 농업 경영인의 이윤율은 하락하게 되지요. 그리고 이것은 산업 전체의 이윤율을 떨어뜨려, 결국 영국 경제 성장에 악영향을 미치게 됩니다.

이윤율과 지대율의 변화가 경제에 미치는 영향 정리

① 인구 증가에 따라 식량 수요가 증가

② 곡물법에 의해 점점 덜 비옥한 토지마저 농경지로 경작

③ 농업 경영자의 이윤율 감소, 지주의 지대율 증가

④ 농업 부문의 이윤율 저하

⑤ 다른 산업의 이윤율 저하로 이어져 자본 축적이 저하

⑥ 경제 성장 및 사회 복지 둔화

나는 영국이 이러한 상황에서 탈출하기 위해서는 곡물법을 폐지하고, 외부로부터 값싼 곡물을 수입할 수 있도록 자유 무역을 해야 한다고 주장했습니다. 어떤가요? 이렇게 논리적이고 설득력 있는 나의 주장에 여러분도 동의하지 않나요?

"처음에는 잘 몰랐는데, 선생님의 설명을 듣고 나니까 자유 무역이 정말 중요하다는 생각이 들어요."

"맞아요, 곡물법은 폐지하는 게 맞는 것 같아요."

그런데 당시 곡물법이 폐지되어야 한다는 나의 주장을 강력하게 반대한 사람이 있었답니다. 바로 나의 절친한 친구인 맬서스였지요.

그는 『인구론』이라는 저서를 통해 인구가 증가하는 양은 식량이 생산되는 양보다 항상 크다고 주장했습니다. 따라서 계속해서 인구가 증가하면 이들을 먹여 살리기 위한 새로운 식량이 더 많이 필요하게 되어 새로운 토지를 경작해야만 하는 상황이 발생할 것이라고 걱정하였지요.

여기까지의 논리는 나와 똑같았습니다. 하지만 그는 곡물법을 계속 유지해야 한다고 주장하였지요. 아이러니하지 않나요? 논리의 시작은 같은데 전혀 다른 결론이라니 말이죠.

맬서스는 과연 어떤 논리를 덧붙이며 곡물법이 유지되어야 한다고 주장했을까요? 이어지는 강의를 통해 자세히 알아보도록 합시다.

1815년 나폴레옹이 러시아에 완패하고

망할 러시아스키!

바이바이~ 집에 가서 잠이나 푹 자!

대륙봉쇄령이 해제되자 유럽의 값싼 곡물이 밀려들어 영국의 곡물값이 떨어지기 시작했습니다.

영국으로 고고!

동네 개

대륙봉쇄령

큰일이야.

이러다간 우리 둘 다 망해.

지주

농업 자본가

저게 뭐여. 지주들만 좋자는 거 아녀?

곡물법
소맥 1쿼터당 80실링 이상일 때만 수입 허가

흩어지면 죽는다~ 착!

농업 경영자

쯧쯧쯧… 한 치 앞도 내다보지 못하는 도다.

점점 덜 비옥한 토지까지 경작하게 되면 농업 경영자의 이윤율이 하락해, 국가 경제에 그늘을 드리울 것이니라. 이것이 바로 지대와 이윤의 분배 이론이거늘~.

뭐야 저 영감?

곡 물 법 논 쟁

나는 곡물법이 시행되고 있는 영국의 현실을 자본과 이윤의 분배라는 논리로 해석하며, 앞으로 다가올 영국 경제의 어두운 현실을 예감했습니다. 영국의 경제 성장을 위해 곡물법을 폐지하고, 자유 무역을 강화해야 한다는 나의 주장에 대해 맬서스는 과연 어떤 반대 의견을 내세웠을까요?

곡물법을 옹호한 맬서스

내 친구 맬서스에 대한 소개로 이번 강의를 시작하겠습니다. 맬서스
는 1798년에 지은 그의 저서 『인구론(An Essay on the Principle of Popu-
lation)』으로 잘 알려져 있는 인물이지요. 아마 여러분도 한번쯤은 들
어봤을 겁니다.

'식량은 1, 2, 3, 4, 5, 6, 7처럼 산술급수적으로 늘어나는데 인구는
2, 4, 6, 8, 16, 32처럼 기하급수적으로 늘어나므로 자연 상태라면 과
잉 인구로 인한 식량 부족은 피할 수 없으며, 그로 인해 빈곤과 죄악
이 필연적으로 발생할 것이다.' 라는 그의 유명한 주장 말이에요.

"인간 세계에는 항상 식량으로 먹여 살릴 수 있는 수보다 더 많
은 사람이 존재한다. 사망률을 낮추는 일이나 자연의 작용을 저지

하는 어리석고 헛된 노력을 하기보다는 오히려 그것을 촉
진하는 편이 좋을 것이다."

— 토마스 로버트 맬서스

토마스 로버트 맬서스

경제학자 맬서스는 사실 목사이기도 했습니다. 목사
의 표현 치고는 조금 과격하지요? 실제로 『인구론』의 내
용이 너무 자극적이었기 때문에 맬서스는 자신의 이름을
밝히지 않고 초판을 발행하였답니다.

소지주였던 다니엘 맬서스의 아들로 태어난 그는 옥스포드 대학
교에서 엘리트 교육을 받을 정도로 똑똑한 친구였습니다. 동인도 대
학교에서 경제학 및 근대사를 가르칠 정도로 학문적 지식이 뛰어나
기도 했지요. 이런 면에서도 나와 정반대였군요. 나는 어린 시절부
터 아버지를 따라 금융 중개업을 시작하기는 했지만, 정식으로 경제
학 교육을 받아본 적은 한 번도 없으니까요.

이렇게 점잖은 친구였기에 인구 증가를 억제하기 위해 성적으로
문란한 난행(亂行)을 막고, 인구 증가를 억제하자는 도덕적 억제책
을 강조할 수 있었던 것 같습니다.

많은 사람들이 맬서스를 인구 증가에 대해 경고를 한 인구 통계
학자로 알고 있는데 그는 경제학자입니다. 경제학자로서 맬서스는
당시 빈곤과 악덕의 근본 원인은 인구가 너무 많아졌기 때문이라고
경고하며, 인구를 줄이지 못한다면 틀림없이 국가 경제는 큰 악영향
을 받게 될 것이라고 주장했습니다. 아이를 많이 낳은 노동자들이

자녀들을 부양하느라 빈곤에서 빠져 나오지 못하는 것은 물론이고, 국가적으로도 엄청난 재앙을 몰고 올 것이라고요. 그래서 지주의 이익을 줄이면서까지 노동자들의 임금을 올려 주면, 그들은 아이들을 더 많이 낳아 사회적 문제를 더 심각하게 할 것이므로, 절대 노동자들의 임금을 올려줘서는 안 된다고 말했습니다.

또한 그는 노동자들의 불평을 덜자고 외국으로부터의 값싼 곡물을 수입하는 것은 옳지 않다고 주장하였습니다. 그의 이론에 따르면 값싼 곡물 수입으로 생활고에서 벗어난 노동자들은 자식을 더 낳으려 할 것이고, 이것은 결국 인구의 증가를 가져오기 때문이지요.

뿐만 아니라 값싼 곡물의 수입은 지주의 지대 수입을 감소시켜

실질적인 지주의 소비를 줄이게 될 것이라고 말했습니다. 지주 수입의 감소는 국가 전체의 수요 감소로 이어지고, 이로 인해 경제 공황이 발생할 수 있다고 엄포를 놓았지요. 지주의 이익과 국가의 발전을 보장하기 위해서는 곡물법을 유지해야 한다는 그 나름대로의 지대론을 전개하였던 것입니다.

공급은 스스로 수요를 창출하지 못한다.

인구가 증가하여 덜 비옥한 토지까지 경작할수록 농업 부문의 이윤율은 저하될 것이라는 맬서스의 의견은 나의 생각과 같았습니다. 하지만 그는 농업 부문의 이윤율이 떨어지면서 소비가 위축되는 결과가 나타나고, 이로 인해 만들어진 생산품들이 팔리지 않는 문제가 발생하게 되어 국가 성장에 악영향을 미칠 것이라고 주장하였지요. 공급보다는 수요 측면을 더 중시하는 입장인 것입니다.

당시에는 장 바티스트 세이(Jean-Baptiste Say)라는 경제학자를 중심으로 '공급은 스스로 수요를 창출한다.'라는 공급을 더 중시하는 이론이 학자들로부터 큰 힘을 얻고 있었습니다. 세이의 주장에 따르면, 노동이나 자본, 토지 등 생산을 위해 제공된 생산 요소에 대해 발생한 소득은 곧바로 소비로 이어지기 때문에 결국 공급이 수요를 낳는 원천이 되지요.

장 바티스트 세이
프랑스의 경제학자입니다. 애덤 스미스의 학설을 계승하고 정비하여, 생산에 있어서 노동·자연·자본의 3요소가 결합해야 한다는 '3생산 요소론'을 주창하였습니다. 또한 '판로설' 이론으로 리카도와 함께 맬서스의 과소 소비설에 정면으로 반대하였습니다.

"생산은 이에 참가한 생산 요소에 대해서 동일한 소득을 가져오게 하며, 또 소비나 기타의 다른 방도를 통하여 그 생산물의 수요가 되므로 공급은 그것에 대한 수요를 낳는 결과를 초래하여 경제 전반에 걸쳐서 과잉 생산은 있을 수 없다."

─장 바티스트 세이

그러나 맬서스는 세이와 반대되는 입장이었습니다. 그는 생산물이 언제나 모두 판매되지 않을 수도 있다고 생각했거든요. 소득은 전부 현재 소비로 이어지는 것이 아니라 미래에 소비되기 위해서 저축되어지는 부분도 있기 때문에 당장의 소비로 나타나지 않을 수 있음을 지적했답니다.

세이 : 공급이 수요를 창출한다.
맬서스 : 수요가 공급을 창출한다.

결론적으로 맬서스의 주장은 모든 소득이 소비로 이어지지 않기 때문에, 생산물의 완전한 판매가 이루어지지 않아 과잉 생산이 발생할 수 있다는 것이었습니다.

과잉 생산으로 팔리지 않는 재고가 생기면 기업은 회사를 경영하기 어려워지고, 결국 생산을 줄이기 위해 노동자들을 해고 시켜야 합니다. 실업자가 된 노동자들은 소득이 없으므로 예전만큼 소비를 할 수 없게 되어 수요는 더 위축되지요. 결과적으로 기업의 상태는 점점 더 어려워지는 악순환을 반복하게 될 것입니다. 맬서스는 이런 과잉 생산의 악순환이 결국 경제 공황으로 이어질 수 있다고 경고했습니다.

지주의 소비가 영국의 공업을 부흥시킬 수 있다.

맬서스는 국내의 수요를 늘리는 것이 영국의 경제를 성장시킬 수 있는 가장 중요한 요소라고 생각했습니다. 그는 두 권의 저서 『곡물법의 영향에 관한 고찰(Observations on the Effects of the Corn Laws, and of a Rise or Fail in the Price of Corn on the Agriculture and General Wealth of the Country)』과 『곡물 수입 억제론(The Grounds of an Opinion on the Policy of Restricting the Importation of Foreign Corn)』을 통해 국내 수요를 늘리기 위해서는 곡물법을 계속 유지해야 한다고 주장했습니다. 곡물법 유지에 대한 그의 주장은 다음과 같습니다.

첫째, 비상시 국가 안보적 측면에서 봤을 때, 곡물을 외국에 의존하는 것은 위험하다는 것입니다. 외국으로부터 값싼 곡물을 수입하면 국내 농업 산업이 쇠퇴하게 됩니다. 이런 상황에서 나폴레옹 전쟁과 같은 외국과의 전쟁이 일어나고, 외국이 식량 수출을 금지하면 국가 안보에 위협이 될 수 있다고 본 것이지요.

둘째, 곡물법의 폐지는 두 가지 측면에서 국내 수요를 감소시킨다는 것입니다. 우선 값싼 유럽 대륙의 곡물 수입은 영국의 곡물 가격을 하락시켜 토지 경작에 대한 유인이 줄어들게 합니다. 이는 지주의 지대 수입을 감소시키고, 나아가 국내 수요까지 감소시킬 수 있다고 보았습니다. 또한 수입된 곡물 값을 지불함으로써 국내의 소득이 외국으로 빠져나가기 때문에 또다시 국내 수요가 줄어든다고 보았지요.

앞에서도 말했듯이 맬서스는 영국이 공업 국가로 계속해서 발전하기 위해서는 수요 기반을 확보하는 것이 필수적이라고 생각한 것입니다.

리카도의 반론

곡물법 유지에 대한 맬서스의 첫 번째 주장의 논거는 정치적인 문제이기 때문에 경제적 측면에서는 정답을 찾기 어렵습니다. 그러므로 경제와 관련된 내용인 두 번째 주장에 대해서 함께 생각해 봅시다.

앞에서도 설명했듯이 곡물법으로 인해 외국으로부터의 값싼 곡물 수입이 제한되면, 지주 계급이 이익을 얻은 만큼 농업 경영자와 노동자는 손해를 볼 수밖에 없습니다. 그런데 과연 지주의 소득이 증가한다고 국가 전체의 수요도 증가할까요? 다수를 차지하고 있는 경영자와 노동자의 수요는 감소할 텐데 말이죠.

일반적으로 지주처럼 소득이 많은 계층의 소비액이 많은 것은 당연합니다. 하지만 소득에서 소비가 차지하는 비중을 나타내는 소비 성향으로 볼 때, 이들은 매우 낮은 소비 성향을 갖습니다. 따라서 지

소비 성향

소득에 대한 소비 지출의 비율을 말합니다. 가계는 생산 요소를 제공한 대가로 소득을 얻는데, 이 소득 중 일부는 현재 소비하고 나머지는 미래 소비를 위해 저축으로 남겨 놓습니다. 따라서 '소득=소비+저축'이라고 생각할 수 있습니다.

소비 성향= $\frac{소비}{소득} \times 100$,

저축 성향(률)= $\frac{저축}{소득} \times 100$

대를 많이 받은 지주의 소비가 증가한다고 해서 국가 전체의 소비가 늘어난다고 말할 수는 없답니다.

오히려 외국의 값싼 곡물이 수입되면 노동자의 소득 중 곡물에 대한 소비액이 줄어들게 되므로 다른 재화에 대한 소비가 늘어날 수 있습니다. 분명 이것이 국민 경제의 소비를 더 많이 증가시킬 수 있을 겁니다. 생각해 보세요. 한 명의 지주가 옷을 100벌 사겠습니까, 100명의 노동자가 옷을 1벌씩 사겠습니까?

그리고 수입된 곡물 값을 치르면서 국내의 부가 외국으로 빠져나가 국내 수요가 감소할 거라고 하였는데, 이것은 자유 무역을 통해서 충분히 해결할 수 있는 문제입니다. 곡물법을 폐지하고 자유 무역을 허용하면 다른 나라 사람들도 영국의 물건을 살 수 있게 되잖아요. 그렇다면 같은 논리로 외국의 부가 국내로 들어올 수 있게 되지요.

다른 나라와의 자유 무역으로 국내 부가 증가하게 되면 오히려 국민들의 소비가 늘어날 수 있습니다. 그리고 더 싸진 곡물 가격 덕분에 농업 경영인의 이윤율뿐만 아니라 전체 산업의 이윤율도 높일 수 있으므로, 국가 전체적인 실보다 득이 더 많다고 볼 수 있지요.

곡물의 자유로운 수입을 금지함으로써 곡물가가 높게 형성되고, 이에 따라 농업에 많은 자원이 배분되고 있는 영국의 상황은 자원이 효율적으로 배분되고 있다고 말할 수 없습니다. 덜 비옥한 토지까지 경작해야 하는 상황이 농업 부문의 이윤율을 점점 낮춘다고 앞에서

얘기했었지요? 이윤율이 낮아지는 상황에서 계속해서 많은 노동력과 자본, 농기계 등이 농업 부문에 투입되는 것은 국가적 낭비가 아닐 수 없습니다.

더 높은 이윤율과 더 많은 생산성을 얻을 수 있는 곳이 있는데도 불구하고 지주의 단기적인 이익을 위해 곡물법을 시행하고 있다니요. 시장에 맡겨 놓으면 시장의 보이지 않는 손(Invisible Hand)에 의해 자원이 효율적으로 배분될 수 있는데, 정부가 곡물법이라는 수단으로 자원 배분을 왜곡하게 되면 자원이 낭비되고 생산성이 떨

보이지 않는 손
영국의 고전학파 경제학자인 애덤 스미스가 사용한 말입니다. 정부로부터 간섭받지 않는 시장의 자유로운 경쟁을 통해 자원이 효율적으로 배분될 수 있게 하는 것이 보이지 않는 손의 역할이라고 강조했습니다. 보이지 않는 손이란 시장의 가격 기구를 의미한답니다.

어져 국가 전체의 발전 가능성이 저하될 수밖에 없답니다.

어떻습니까? 내 이론이 훨씬 더 논리적이지 않나요?

곡물법 논쟁의 승자는?

여러분 축구 자주 보나요? 영국의 맨체스터 유나이티드 축구팀에 소속되어 있는 박지성 선수 다들 좋아하죠? 박지성 선수가 뛰고 있는 이 맨체스터는 영국의 대표적인 면직물 공업 중심지였습니다. 이곳을 중심으로 자본가와 노동자의 곡물법 폐지 운동이 벌어졌었지요.

영국의 중상류 계급에 속했던 나는 지대와 이윤의 분배 관계를 연구하면서 토지를 사들여 지주가 되기도 했지만, 오히려 농업 경영자와 일반 시민의 이익을 위해 곡물법을 폐지하고 자유 무역을 해야 한다고 주장했습니다. 이에 맬서스는 『인구론』의 이론을 바탕으로 곡물법이 유지되어야 한다고 주장하며 지주 계급의 이익을 옹호했지요.

수학적 증명을 이용한 나의 주장은 맬서스의 주장에 비해 훨씬 더 논리적이고 설득력이 있다고 볼 수 있었습니다. 결국 1846년에 곡물법이 폐지되고 곡물법 논쟁은 종결되었지요. 비록 내가 죽은 지 23년이나 지난 후의 일이지만 역사적으로 기억될 곡물법 논쟁의 승자로 남게 되어 굉장히 기쁩니다. 특히 이후 자유 무역 체제의 확립에 있어서도 중요한 계기가 되었던 이 논쟁에서의 승리는 나에게 영광스러운 일이 아닐 수 없답니다.

경제
plus

곡물법 폐지의 결정적 계기가 된 아일랜드 감자 대기근

　남아메리카에서 유럽을 거쳐 우리나라에 들어온 감자는 많은 이야기를 가지고 있습니다. '감자 전쟁'이라는 별칭으로도 불리는 프러시아와 오스트리아의 7년 전쟁, 네덜란드 하층민의 비참한 현실을 그린 고흐의 〈감자 캐는 여인들〉, 〈감자먹는 사람들〉, 〈감자가 있는 정물〉, 김동인의 소설 『감자』, 가수 김C의 노래 〈뜨거운 감자〉에 이르기까지 감자와 관련된 이야기가 정말 많이 있네요. 그런데 감자와 관련된 이야기 중 역사적으로 가슴 아픈 이야기가 있습니다. 바로 아일랜드의 감자 대기근입니다.

　그런데 어떻게 이런 대기근이 발생할 수 있었을까요? 아일랜드 감자 대기근의 책임은 다름 아닌 영국에 있었답니다. 왜냐고요? 당시 아일랜드는 영국의 식민지였거든요. 영국의 섬유 산업이 발달하자, 아일랜드의 가내 수공업과 목화 산업이 도산하게 되었습니다. 이에 따라 대부분의 아일랜드 토지에서는 영국에 수출하기 위한 곡물이 재배되기 시작했지요. 곡물법으로 인해 유럽 대륙으로부터의 식량 수입이 제한되어 있던 상황이었지만, 식민지였던 아일랜드의 곡물은 어느 정도 자유롭게 들여 올 수 있었거든요.

　대부분의 곡물이 영국으로 수탈되는 상황에서, 아일랜드 사람들은 굶주림에서 벗어나기 위해 감자를 재배하기 시작했습니다. 아일랜드 땅의 1/3 가량에서 수확량이 많은 단일 품종의 감자가 재배되었던 것이 감자 대기근의 화근이 되었지요. 결국 미국으로부터 불어온 마름병 앞에서 제아무리 수확량이 많은 감자라도 속수무책일 뿐이었습니다.

　아일랜드의 감자 대기근으로 식량 수입이 부족해진 영국에서는 값싼 유럽 대륙의 곡물 수입을 늘리자는 주장이 제기되기 시작했습니다. 광공업의 생산 비중이 농수산업에 비해 획기적으로 늘어난 것도 중요한 역할을 하였지요. 값싼 식량을 요구하던 도시 노동자들의 참정권 운동도 곡물법 폐지에 힘을 실어 주었습니다. 결국 당시 수상이었던 로버트 필(Robert Peel)은 1846년에 곡물법을 폐지하게 되었습니다.

외국에서 값싼 곡물이 수입되면 노동자들이 자식을 더 낳아 인구가 증가할 겁니다. 그럼 덜 비옥한 땅도 경작하게 되어 농업 이윤율이 떨어지지요.

지주의 수입이 줄어 소비가 감소하면, 결국 국가 전체의 수요 감소로 이어져 경제 공황이 일어나게 될 것입니다.

절대 우위론과 비교 우위론

한 나라의 모든 재화가 다른 나라의 재화보다 절대 열위에 있다 하더라도 상대적으로 더 싸게 생산할 수 있는 상품에 특화함으로써 국가 간의 분업과 무역이 발생할 수 있습니다.

수능과 유명 대학교의 논술 연계

2011학년도 대학수학능력시험 경제 20번

2010학년도 3월 고3 전국연합학력평가 경제 8번

2010학년도 9월 고2 전국연합학력평가 경제 19번

중앙대 2009년도 수시 2차 논술고사 [문제1]

2007학년도 대학수학능력시험 경제 6번

마지막 수업에서는 자본과 이윤의 분배에 관한 이론과 함께 자유 무역의 필요성을 뒷받침해 주었던 이론인 비교 우위론에 대해 알아봅시다. 이 비교 우위론은 애덤 스미스의 절대 우위론을 기초로 국제 분업 이론을 한 단계 업그레이드 시킨 이론이라 할 수 있습니다. 그럼 애덤 스미스의 국제 분업 이론인 절대 우위론에 대한 내용부터 살펴볼까요?

애덤 스미스의 절대 우위론

"선생님, 절대 우위론에 대해 알려주신다고 하셨잖아요. 그런데 왜 운동장으로 나오라고 하신 거예요?"

오늘 학교 운동장으로 여러분을 모이라고 한 건 축구 경기를 보면서 절대 우위와 비교 우위를 좀 더 쉽고 재미있게 공부하기 위해서랍니다. 앗! 벌써 경기가 시작되었군요. 와, 친구들의 축구 실력이 상당하네요. 저 친구는 앞으로 국가 대표 선수도 될 수 있을 것 같은데요? 하하. 그런데 저기 붉은색 유니폼을 입은 팀을 자세히 볼까요?

붉은 유니폼을 입은 팀의 슛돌이 친구는 공격은 잘하지만 수비는 못합니다. 반대로 철벽이 친구는 수비는 잘하는데 공격은 못하지요. 이럴 경우 슛돌이와 철벽이에게 각각 어떤 포지션을 맡겨야 붉은색 유니폼을 입은 팀의 축구 성적이 잘 나올까요?

"당연히 슛돌이가 철벽이보다 공격을 잘하니까 공격수를 맡아야죠."
"철벽이는 슛돌이보다 수비를 잘하니까 수비수를 맡으면 되겠네요."

하하, 그렇습니다. 너무 뻔한 질문을 하는 거 아니냐고 생각하는 친구들도 있는 것 같습니다. 하지만 이렇게 사소해 보이는 결정에도 경제적인 논리가 필요하답니다.

슛돌이와 철벽이에게 팀의 공격과 수비를 한꺼번에 맡기면 둘 다 어느 하나의 포지션에 전념할 수 없겠지요. 그런데 두 친구를 각각 자신 있어 하는 포지션에 배치하면, 경기가 진행됨에 따라 기존에 가지고 있던 공격 능력이나 수비 능력이 높아질 수 있잖아요. 바로 여기에 우리가 첫 번째 시간에 배웠던 분업의 원리가 적용된답니다.

애덤 스미스가 『국부론』에서 주장한 국제 분업의 원리도 이와 비슷하지요. 애덤 스미스도 슛돌이와 철벽이 두 친구가 절대적으로 잘하는 포지션에 전담하는 게 팀을 위한 가장 좋은 방법이라고 생각했거든요. 그럼 위의 상황을 애덤 스미스가 제시한 예에 적용해 보겠습니다.

세계에는 영국과 포르투갈, 이 두 나라만 있다고 생각해 봅시다. 그리고 영국과 포르투갈은 직물과 포도주라는 두 개의 상품만을 생산할 수 있다는 것도 추가적으로 가정해 볼게요. 이때 각각의 나라가 직물과 포도주 한 단위를 생산하는 데 필요한 노동력은 다음 표와 같습니다.

한 단위를 생산하는 데 필요한 노동력

	영국	포르투갈
직물	100명	110명
포도주	120명	80명

위의 표는 직물 한 포를 생산하는 데에 영국은 100명, 포르투갈은 110명의 노동자가 필요하고, 포도주 한 병을 생산하는 데에 영국은 120명, 포르투갈은 80명의 노동자가 필요하다는 것을 의미합니다.

이때 각국은 직물과 포도주를 모두 생산하는 것이 좋을까요, 아니면 각국이 분담해서 하나의 재화만 생산하고 무역을 하는 것이 좋을까요?

숫자로 나타내서 어려운 것 같지만, 방금 전에 설명했던 축구팀의 포지션 문제와 정확히 같은 형태의 문제랍니다. 숫돌이와 철벽이는 영국과 포르투갈로, 공격력과 수비력은 각각 직물과 포도주로 표현했을 뿐이지요.

애덤 스미스는 영국이 직물만을 만들고 포르투갈이 포도주만을 만들어서 서로 교환하면, 전 세계적으로 더 많은 생산물을 생산할 수 있다고 주장했습니다. 영국은 직물 한 포를 만드는 데 포르투갈보다 열 명의 노동력이 덜 필요하고, 포르투갈은 포도주 한 병을 만드는 데 영국보다 40명의 노동력이 덜 필요하기 때문이지요.

이처럼 같은 재화를 생산함에 있어서 다른 나라보다 더 경제적인 방법으로 만들 수 있을 때, 우리는 이 재화의 생산에 절대적인 우위가 있다고 말합니다. 따라서 영국은 직물 만드는 데에, 포르투갈은 포도주 만드는 데에 절대적인 우위가 있다고 할 수 있습니다.

만약 두 나라가 서로 무역을 하지 않고 모든 재화를 각자 만든다면, 직물 한 포와 포도주 한 병을 생산하는 데 영국은 220명, 포르투갈은 190명의 노동력이 필요하게 됩니다. 영국과 포르투갈이 생산한 재화를 모두 합하면 직물 두 포와 포도주 두 병이 되지요.

이번에는 두 나라가 각각 절대 우위에 있는 재화만 생산한다고 생각해 봅시다. 영국은 직물을 만드는 데 절대 우위가 있으므로 직물의 생산에 220명의 노동력을 전부 투입합니다. 직물 한 포를 만드는 데 100명의 노동력이 필요하므로, 220명의 노동력을 이용하면 총 2.2포의 직물을 생산할 수 있겠네요.

"선생님, 모음이는 수학 계산에 엄청 약해요."

"네, 선생님. 조금만 더 쉽게 설명해 주세요."

네, 알겠습니다. 풀이 과정을 자세히 설명해 줄게요. 잘 들어보세요. 영국은 직물 한 포를 만드는 데 100명이 필요합니다. 직물 한 포를 100명으로 나누면 한 명당 0.01포의 직물을 생산하는 셈이 되지요. 그러므로 220명의 노동력으로 만들 수 있는 직물의 생산량은 0.01포에 220명을 곱한 값인 2.2포가 됩니다.

어때요, 이제 이해가 되지요? 그럼 포도주 생산에 절대 우위가 있는 포르투갈의 경우는 어떨까요?

포르투갈은 포도주 한 병을 만드는 데 80명의 노동력이 필요합니다. 그러므로 포도주 한 병을 80명의 노동력으로 나누면 한 명당 0.0125병의 포도주를 생산하는 꼴이 됩니다. 여기에 전체 노동력인 190명을 곱하면 2.375병이 되니까, 190명의 노동력을 전부 포도주 생산에 투입하면 약 2.38병의 포도주를 얻을 수 있지요.

자급자족
필요한 상품을 외부에 의존하지 않고, 스스로 생산하고 소비하는 것을 말합니다.

자급자족하는 경우와 절대 우위에 있는 재화만을 생산하는 경우를 한번 비교해 볼까요? 투입되는 노동력의 양은 같지만, 생산된 재화의 총량은 다르다는 것을 쉽게 알 수 있습니다.

두 국가가 자급자족했을 때 직물의 전체 생산량은 두 포, 포도주의 전체 생산량은 두 병이었습니다. 그런데 절대 우위에 있는 재화에 특화했더니 직물의 전체 생산량은 2.2포, 포도주의 전체 생산량은 약 2.38병으로 자급자족했을 때보다 조금씩 증가했지요.

게다가 두 나라가 각각 특화해서 생산한 재화를 다른 재화와 1:1로 교환하게 되면, 영국은 같은 노동력으로 직물 0.2포를 더 생산한 셈이 되고, 포르투갈은 포도주 0.38병을 더 생산한 셈이 되어 양국 모두 추가적인 재화의 이익을 얻을 수 있게 됩니다.

절대 우위 재화만 생산해서 무역할 경우의 이익

	모든 재화 생산			절대 우위 재화만 생산			절대 우위 재화 생산 후 무역		
	영국	포르투갈	합계	영국	포르투갈	합계	영국	포르투갈	무역 이익
직물	1포	1포	2포	2.2포	–	2.2포	1.2포	1포	0.2포
포도주	1병	1병	2병	–	2.38병	2.38병	1병	1.38병	0.38병
필요한 노동력	220명	190명	410명	220명	190명	410명	410명		

이것이 애덤 스미스가 말한 절대 우위에 의해 발생하는 국제 분업의 원리입니다. 즉, 각국이 절대 우위에 있는 재화에만 특화하고, 이 재화를 서로 자유롭게 무역하면 각국 모두 이익을 얻을 수 있게 되지요. 이런 이유로 국가 간에 무역이 발생하는 것입니다.

그런데 애덤 스미스 이전까지는 국가 간의 무역 현상을 중상주의라는 경제 사상으로 파악하려는 경향이 많았습니다.

"자음아! 중상주의가 뭐였지?"

"음…… 첫 번째 수업에서 배운 것 같은데……."

다시 한 번 설명해야겠네요. 마지막 수업이니까 이번 시간에 두 친구 모두 확실하게 정리해 두도록 하세요. 알겠지요?

중상주의란 근대적인 국가를 건설하기 위해서는 무엇보다도 국부를 축적하는 것이 최우선 과제이고, 이것은 국제 무역에서 이익을 냄으로써 가능하다고 믿었던 사상을 말합니다.

즉, 정부가 민간 경제 주체의 경제 활동에 적극적으로 개입해서 수출을 많이 할 수 있도록 돕고 수입은 억제해서, 금이나 은 등의 귀금속을 국가 안에 많이 쌓아 놓아야 국가의 부가 증가한다고 생각했던 때의 사상이지요.

그런데 이때 애덤 스미스는 중상주의적 보호 무역보다는 자유 무역이 국부를 늘리는 데 훨씬 더 효율적인 정책임을 강조하였습니다. 절대 우위에 있는 재화에 특화하여 자유롭게 국제 교역을 하면, 각국은 더 많은 양의 재화를 생산하고 소비할 수 있게 되어 국가의 부가 더 증가할 수 있을 것이라고 말이죠. 당시로서는 파격적인 생각이 아닐 수 없었습니다.

그런데 모든 국가들이 반드시 절대 우위에 있는 재화를 가지고 있는 것은 아니랍니다. 이점에서 애덤 스미스의 분업 이론이 국제 무역의 원리를 명확히 설명해 주지 못한다는 치명적인 결점을 보이게 되었지요. 나는 이 절대 우위론을 보완해서 좀 더 논리적인 자유 무역 이론인 비교 우위론을 발표했습니다.

교과서에는

재화의 절대적 생산비는 재화의 기회비용을 제대로 나타내지 못한다는 점에서 절대 우위론의 설득력은 낮다고 볼 수 있습니다. 모든 재화의 진짜 비용은 그것의 절대적 수준이 아닌, 그 재화를 생산함으로써 희생된 다른 재화의 가치, 즉 기회비용으로 이해되어야 합니다.

기회비용과 비교 우위론

이번에는 파란색 유니폼을 입은 팀을 자세히 볼까요? 저기 나잘해 친구와 대강해 친구가 있네요. 축구를 잘하는 나잘해 친구는 공격과 수비 모두 잘합니다. 하지만 대강해 친구는 팀 내에서 공격도 수비도 잘하지 못하지요. 이럴 경우, 나잘해와 대강해에게 각각 어떤 포지션을 맡겨야 파란색 유니폼을 입은 팀의 축구 성적이 가장 잘 나올 수 있을까요?

"흠…… 나잘해는 공격과 수비 모두 잘하니까, 공격수나 수비수 중에 아무거나 해도 되지 않을까요?"

"그럼 대강해는? 대강해는 나잘해보다 잘하는 게 아무것도 없잖아."

어때요, 슛돌이와 철벽이의 예와 달리 이번 문제는 조금 어렵지요? 아마 많은 친구들의 머릿속이 복잡해졌을 겁니다. 앞의 예에서는 공격과 수비에 대한 두 친구의 실력 차이가 확실해서 포지션을 쉽게 정할 수 있었는데, 이번 상황은 그렇지 않거든요.

앞에서 절대 우위에 집중하면 모두 이익을 볼 수 있다고 했습니다. 그런데 나잘해 친구가 공격과 수비에 절대 우위를 갖고 있는 데 반해 대강해 친구는 절대 우위라고 할 수 있는 실력이 없지요. 이런 경우에는 어떻게 해야 할까요?

혹시 '대강해를 상대적으로 잘하는 포지션에 배치하면 되지 않을까?'라고 생각한 학생이 있다면 벌써 나의 비교 우위론을 거의 이해하고 있다고 볼 수 있습니다.

도대체 비교 우위론이 어떤 이론이냐고요? 하하, 지금부터 차근차근 설명해 줄게요. 여러분의 이해를 돕기 위해 애덤 스미스의 예를 조금 바꿔서 설명할 테니까 잘 따라오도록 하세요.

영국과 포르투갈 두 나라만 있다고 가정해 봅시다. 애덤 스미스의 예와 마찬가지로, 이 두 나라는 직물과 포도주라는 두 가지 상품만을 생산할 수 있지요. 이때 각국이 직물과 포도주 한 단위를 생산하는 데 필요한 노동력은 다음 표와 같습니다.

한 단위 생산하는 데 필요한 노동력

	영국	포르투갈
직물	100명	90명
포도주	120명	80명

절대 우위론의 표에서는 포르투갈이 직물을 만들 때 필요한 노동력이 110명이었는데, 여기서는 90명으로 줄어든 점이 달라졌지요? 자, 이렇게 달라진 상황에서는 영국과 포르투갈이 직물과 포도주를 각자 생산하는 것이 좋을까요, 아니면 분업해서 하나의 상품만을 생산하고 서로 무역을 하는 것이 좋을까요?

애덤 스미스의 절대 우위론에 따른 국제 분업 이론으로 보면 이런 상황에서는 절대로 국제 분업이 일어나지 않는답니다. 왜냐고요? 절대 우위론에 따르면 양국이 각각 절대 위위에 있는 재화에만 특화해야 무역이 이루어질 수 있기 때문이지요.

위의 표를 보세요. 포르투갈은 직물과 포도주를 생산하는 데 있어 두 재화 모두 절대 우위를 갖지만, 영국은 절대 우위를 갖는 재화가 없잖아요. 이렇게 애덤 스미스의 절대 우위론으로 설명할 수 없는 국제 분업의 원리를 나는 비교 생산비설(Principle of Comparative cost of Production), 즉 비교 우위라는 이론으로 보완했답니다.

영국은 100명의 노동력을 이용해서 직물 한 포를 만들 수 있습니다. 이 100명의 노동력을 포도주 생산에 투입하면 포도주 몇 병을 만들 수 있을까요? 절대 우위론에서 사용했던 풀이 방법을 이용해서 여러분이 직접 계산해 보세요. 그리 어렵지 않게 구할 수 있을 겁니다.

자, 다 계산했으면 함께 정답을 확인해 볼까요? 포도주 한 병을 만드는 데 120명이 필요하니까, 100명으로는 0.83병의 포도주를 만들 수 있습니다. 반대로 포도주 한 병을 만들 수 있는 노동력 120명으로 직물을 만들면 몇 포의 직물을 만들 수 있을까요? 네, 직물 1.2포를 만들 수 있습니다.

포르투갈의 경우도 살펴봅시다. 직물 한 포를 만들 수 있는 노동력 90명으로 포도주를 만들면 1.125병의 포도주를 만들 수 있습니다. 반대로 포도주 한 병을 만들 수 있는 노동력 80명으로 직물을 만들면 0.89포의 직물을 생산할 수 있지요. 이 내용을 정리해 보면 다음과 같습니다.

한 단위 생산하는 데 포기해야 되는 다른 재화의 숫자

	영국	포르투갈
직물	0.83	1.125
포도주	1.2	0.89

"0.83은 포기해야 하는 직물의 수를 말하는 건가?"

"아니지, 포도주를 말하는 거 아냐?"

여러분, 표를 해석할 줄 아는 능력은 굉장히 중요합니다. 지금부터 차근차근 설명해 줄 테니 잘 들어 주세요. 표 위에 뭐라고 쓰여 있나요? '한 단위 생산하는 데 포기해야 되는 다른 재화의 숫자' 라고 쓰여 있지요? 이 표는 각국이 한 단위의 직물을 생산할 때 포기해야 하는 포도주의 숫자, 또는 포도주 한 병을 생산할 때 포기해야 하는 직물의 숫자, 즉 각 재화의 기회비용을 말합니다.

영국 먼저 볼까요? 직물 칸에 쓰여 있는 0.83은 직물 한 포를 더 만들기 위해서 포기해야 하는 포도주의 수를 나타냅니다. 그러므로 영국에서 직물 한 포를 더 만들기 위해서는 포도주 0.83병을 포기해야 하지요. 직물 한 포를 만들기 위해서는 100명의 노동력이 필요한데, 그 노동력이면 포도주 0.83병을 만들 수 있으니까 직물 한 포를 만들기 위해서 포도주 0.83병을 포기한 것이나 마찬가지라는 말입니다.

그러면 포도주 칸의 1.2는 무엇을 나타낼까요? 포도주 한 병을 더 만들기 위해 포기해야 하는 직물의 수라고 볼 수 있지요. 포도주 한 병을 만들기 위해서는 120명의 노동력이 필요한데, 그 노동력이라면 직물 1.2포를 만들 수 있으니까 포도주 1병을 더 만들기 위해서는 직물 1.2포를 포기해야 한다고 해석할 수 있습니다. 포르투갈도 같은 논리로 이해할 수 있으니까 여러분이 직접 해석해 보도록 할게요.

자, 그러면 이제 이 표의 내용을 비교 우위론으로 생각해 봅시다. 같은 품질의 직물 한 포를 만들려면 영국에서는 0.83병의 포도주 생산을 포기해야 하지만, 포르투갈은 1.125병의 포도주 생산을 포기해야 합니다. 그렇다면 직물 한 포를 생산하기 위해 포기해야 하는 포도주의 양, 즉 직물 생산의 기회비용이 상대적으로 더 적은 나라는 어디인가요? 네, 당연히 영국이지요.

그럼 포도주 한 병을 생산하기 위해 포기해야 하는 직물의 양이 상대적으로 더 적은 나라는 어디인가요? 포르투갈이 되겠네요. 동일한 품질의 포도주 한 병을 더 만들기 위해 영국은 직물 1.2포를 포기해야 하는 반면, 포르투갈은 0.89포를 포기해야 하니까요.

이처럼 하나의 재화를 생산할 때 포기해야 하는 다른 재화의 양이 더 적을 경우, 그 재화의 생산에 상대적인 우위를 갖는다고 말합니다. 즉, 영국은 직물 생산에, 포르투갈은 포도주 생산에 비교 우위를 갖고 있다고 볼 수 있지요.

각 나라는 자국 내부의 직물과 포도주를 생산함에 있어서 차이가 나게 됩니다. 재화의 생산에 절대적 우위는 갖지 못하더라도, 생

산성의 차이로 인한 상대적 우위는 가질 수 있게 되는 것이지요. 따라서 상대적으로 더 우위에 있는 재화에 특화해서 무역을 하면 양국 모두 이익을 볼 수 있습니다.

그럼 지금까지의 비교 우위론에 대해 잘 이해했는지 확인해 볼 겸 여러분에게 질문 하나 할게요. 선진국과 후진국 사이에는 무역이 발생할 수 있을까요, 없을까요?

"선진국이랑 후진국은 경제적 환경이 완전히 다르잖아요."
"맞아요, 선진국과 후진국이 무역을 한다고 해도 선진국에게만 좋은 거 아닌가요?"

물론 애덤 스미스의 절대 우위론에 의하면 선진국과 후진국 사이에는 무역이 발생할 수 없습니다. 후진국은 선진국과 비교했을 때 절대적인 우위에 있는 재화가 없을 테니까요.

언뜻 생각해 보면 선진국과의 무역은 후진국에게 불리해서 무역이 일어나지 않을 것 같지만, 비교 우위론에 따르면 선진국과 후진국 사이에도 충분히 무역이 발생할 수 있답니다. 후진국이라고 해도 선진국보다 상대적으로 우위에 있는 재화가 있게 마련이거든요.

선진국과 후진국 사이에도 비교 우위를 가진 재화에만 특화함으로써 국가 간의 분업이 발생할 수 있으며, 이때 양국이 무역을 하면 두 나라 모두 경제적 이득을

교과서에는

비교 우위는 경제적 능력이 다른 여러 나라들 간에 국제 거래가 이루어지게 해 주는 원리로, 각자 비교 우위에 있는 상품 생산에 주력하여 거래를 하면 서로 이익을 얻을 수 있습니다. 한 나라의 비교 우위는 생산 요소의 부존량, 기술 수준, 지리적 조건 등 다양한 요인에 의해 결정되는데, 최근에는 창의적 지식과 기술, 정보 등이 중요한 요소가 되고 있습니다.

얻게 된다는 것을 분명하게 밝힌 이론이 바로 나의 비교 우위론입니다. 어때요, 여러분. 불가능할 것 같은 일도 발상의 전환으로 가능해졌지요? 조금만 생각을 바꾸면 경제가 보인답니다.

비교 우위 이익과 교환 비율

자, 이제 비교 우위론에 대해 어느 정도 이해했는지요? 두 재화의 생산에 있어서 영국보다 절대적인 우위에 있는 포르투갈과 모든 재화의 생산에 있어서 절대적인 열위에 있는 영국도 각국이 상대적으로 우위에 있는 재화에 특화해서 무역을 하면 이익을 얻을 수 있다는 것이 바로 비교 우위론의 핵심이었습니다.

그런데 각각의 비교 우위 재화를 특화해서 교환하면 두 나라는 과연 얼마만큼의 이익을 얻을 수 있을까요? 또한 직물과 포도주의 교환 비율에 따라 각 나라의 이익은 어떻게 달라질까요?

나는 비교 우위론을 통해 국가 간의 무역이 왜, 그리고 어떤 형태로 발생할 것인가에 대해서는 설명하였지만, 무역이 어떤 교환 비율, 또는 어떤 교역 조건에서 이루어지며, 무역에 참가하는 각국은 무역으로부터 어느 정도의 경제적 이득을 얻게 되는지에 대해서는 충분히 밝히지 못했습니다. 하지만 다행히도 공리주의자로 잘 알려져 있는 존 스튜어트 밀(John Stuart Mill)이라는 친구가 이후에 이

존 스튜어트 밀
19세기 영국의 철학자이자 경제학자입니다. "배부른 돼지보다 배고픈 소크라테스가 낫다."라고 말하며 벤담의 양적 공리주의와 구분되는 쾌락의 질적 차이를 주장하였습니다. 주요 저서로는 『정치 경제학의 원리』와 『자유론』 등이 있습니다.

문제에 대해 자세히 설명해 냈지요.

후배 경제학자 밀을 통해 비교 우위론이 얼마나 더 정교하게 발전했는지 함께 살펴봅시다.

직물과 포도주의 교환 비율이 1:1이라고 가정하고, 각국에 얼마만큼의 이익이 나는지 알아 보겠습니다. 교환 비율이 1:1이라는 말은 영국이 직물 한 포를 수출해서 포도주 한 병을 수입할 수 있다는 것을 의미합니다. 물론

존 스튜어트 밀

여기서도 무역을 할 때 소요되는 비용은 없다는 가정이 있어야 하지요. 자, 표를 보면서 설명을 들어 주세요.

한 단위 생산하는 데 필요한 노동력

	영국	포르투갈
직물	100명	90명
포도주	120명	80명

영국이 100명의 노동력을 투입하여 생산한 직물 한 포를 포르투갈에 수출하고 포도주 한 병을 수입하면, 100명의 노동력으로 포도주 한 병을 생산한 셈이 됩니다. 영국 내에서 직접 포도주를 생산하려면 120명의 노동력이 필요하기 때문에, 비교 우위에 따라 생산하고 무역을 하면 스무 명의 노동력을 아낄 수 있게 되지요.

이 스무 명을 직물 생산에 투입하면 직물 0.2(=한 포 × $\frac{20명}{100명}$)포를 더 생산할 수 있습니다. 즉, 영국은 직물에 특화해서 직물 한 포를 수

출하고 포도주 한 병을 수입할 때마다 스무 명의 노동력의 가치, 또는 직물 0.2포의 무역 이익을 얻을 수 있게 되는 것이지요.

포르투갈 역시 영국에 포도주 한 병을 수출하고 직물 한 포를 수입해 오면, 90명의 노동력을 투입해야 만들 수 있었던 직물 한 포를 80명의 노동력으로 만든 셈이 되기 때문에, 무역을 통해 열 명의 노동력을 아낄 수 있습니다. 그리고 이 열 명의 노동력을 이용하면 포도주 0.125병(=한 병×$\frac{10명}{80명}$)만큼을 추가적으로 더 생산할 수 있게 되므로, 두 가지 재화를 모두 생산할 때보다 이익을 얻을 수 있게 되지요.

따라서 포르투갈은 비교 우위에 있는 재화에 특화해서 한 병의 포도주를 수출하고 한 포의 직물을 수입할 때마다 열 명의 노동력의 가치나 포도주 0.125병의 무역 이익을 얻을 수 있습니다.

양국 모두에게 이익을 주는 국제 교환 비율의 범위

그런데 직물 한 포와 포도주 한 병이 1:1로 거래되지 않는다고 생각해 봅시다. 이때 영국은 직물 한 포를 수출하면서 몇 병의 포도주를 수입해야 이익을 얻을 수 있을까요? 또 포르투갈은 포도주 한 병으로 몇 포의 직물을 수입할 수 있을 때 무역을 하려고 할까요? 다음 표를 보면서 설명을 들어 주세요.

한 단위 생산하는 데 포기해야 되는 다른 재화의 숫자		
	영국	포르투갈
직물	0.83	1.125
포도주	1.2	0.89

영국은 직물 한 포를 수출하면서 최소 약 0.83병보다 많은 포도주를 수입할 수 있을 때 무역을 하려고 할 것입니다. 만약 직물 한 포를 수출해서 0.83병의 포도주를 수입할 수 있다면 영국 내에서 포도주를 만드는 것과 아무런 차이가 없을 테니까요. 그러므로 이때는 굳이 포르투갈에서 포도주를 수입할 경제적 유인이 발생하지 않게 됩니다.

"선생님, 다시 한 번만 설명해 주세요."
"숫자가 들어가서 그런지 어려워 보여요."

네, 교환 비율의 내용은 조금 복잡하기 때문에, 여러분이 첫 수업 한 번만으로 완벽하게 이해하기에는 어려움이 따를 것이라고 생각합니다. 좀 더 자세히 설명할게요. 집중해서 들어 주세요.

영국에서 직물 한 포를 생산하는 데 100명의 노동력이 필요했습니다. 그리고 이 노동력으로 포도주를 만들면 약 0.83병의 포도주를 만들 수 있었지요. 영국은 상대적으로 우위에 있는 직물 한 포를 더 생산하기 위해서 같은 노동력으로 만들 수 있는 포도주 0.83병을 포기했습니다. 포도주 생산을 포기하고 만든 것이기 때문에 이 직물과 맞바꾸어야 하는 포도주의 양은 당연히 영국이 포기했던 포도주의 양보다 많아야겠지요. 따라서 영국은 직물 한 포와 포도주 0.83병 이상을 교환해야 이익을 얻을 수 있게 됩니다.

아직도 어렵게 느껴지나요? 그렇다면 상품의 가치가 그 상품을 생산한 노동에 의하여 결정된다는 학설인 노동 가치설을 이용해서 한 번 더 설명해 볼게요.

영국은 직물 한 포를 만드는 데 100명의 노동력이 필요하기 때문에 직물 한 포는 100명의 노동력의 가치를 가지게 됩니다. 그런데 이 100명의 노동력을 포도주 생산에 투입하면 0.83병의 포도주를 만들 수 있으니까 직물 한 포의 가치는 포도주 0.83병의 가치와 같다고 할 수 있지요. 따라서 영국의 입장에서는 직물 한 포를 수출해서 포도주 0.83병을 초과하는 포도주를 수입할 수 있을 때에만 이익이 생기게 됩니다.

그러므로 영국이 포르투갈과의 무역에서 이익을 얻을 수 있는 교환 비율을 정리하면 다음과 같이 나타낼 수 있습니다.

$$영국의\ 직물\ 한\ 포당\ 포도주의\ 교환\ 비율 = \frac{포도주}{직물} > 0.83$$

포르투갈의 경우는 어떨까요? 같은 논리로, 포르투갈은 포도주 한 병을 만드는 데 약 0.89포의 직물을 포기해야 합니다. 80명의 노동력을 모두 포도주 생산에 사용하면 직물 0.89포를 만들 수 없게 되니까요. 그러므로 포르투갈은 포도주 한 병으로 최소 0.89포보다 많은 직물을 수입해야 이익을 얻게 됩니다.

포르투갈의 경우도 노동 가치설로 생각해 볼까요? 포르투갈에서 포도주 한 병을 만들기 위해서는 80명의 노동력이 필요한데, 이 노동력을 이용하면 0.89포의 직물을 만들 수 있으므로 노동 가치설에 따라 포도주 한 병과 직물 0.89포의 가치가 같다고 할 수 있습니다.

그러므로 포르투갈이 영국과의 무역에서 이익을 얻기 위해 포도주와 교환해야 하는 직물의 비율은 다음과 같이 정리할 수 있습니다.

$$\text{포르투갈의 포도주 한 병당 직물의 교환 비율} = \frac{\text{직물}}{\text{포도주}} > 0.89$$

따라서 영국과 포르투갈 양국이 무역을 통해 이익을 얻기 위한 교환 비율은 앞에서 얻은 두 교환 비율의 범위 내에서 결정되어야 합니다. 그런데 영국은 직물 한 포를 교환의 기준으로 보았고, 포르투갈은 포도주 한 병을 기준으로 했기 때문에 양국의 기준이 되는 재화를 통일하는 것이 우선이겠네요. 어떤 재화를 기준으로 하더라도 양국에 이익이 되는 교환 비율을 구해낼 수 있답니다. 여기서는 직물을 기준으로 교환 비율을 구해 보겠습니다.

포도주를 기준으로 한 포르투갈의 교환 비율을 직물 기준으로 바꿔 보면, $\frac{\text{포도주}}{\text{직물}} < \frac{1}{0.89} \fallingdotseq 1.124$가 되겠네요. 그러므로 두 교환 비율을 합쳐서 영국과 포르투갈 모두에게 이익을 주는 직물과 포도주의 국제적 교환 비율을 정리하면 다음과 같습니다.

양국의 직물 한 포당 포도주의 교환 비율 = $0.83 < \dfrac{포도주}{직물} < 1.124$

    직물 한 포와 거래되는 포도주의 거래량이 0.83병보다 크고 1.124병보다 작을 경우에 영국과 포르투갈 모두에게 이익이 되므로 양국은 이 범위 내에서 자유 무역을 하게 됩니다.

    그런데 만약 포도주의 거래량이 이 범위 안에 있지 않다면 어떻게 될까요? 오른쪽의 그래프를 보면서 살펴 보겠습니다.

    그래프의 X축은 직물, Y축은 포도주의 수량을 나타냅니다. 그리고 영국과 포르투갈로 나타낸 직선은 어떤 재화를 더 만들기 위해 포기해야 하는 다른 재화의 크기를 말합니다. 영국의 경우를 보면,

0.83   교환범위   1.124

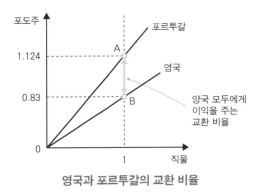

영국과 포르투갈의 교환 비율

직물 한 포를 더 생산하기 위해서는 100명의 노동력이 필요한데, 이 노동의 가치는 포도주 0.83병을 생산하는 것과 같다고 볼 수 있지요.

이때 중요한 것은 생산량이 늘어남에도 불구하고 생산성은 일정하다고 가정하는 것입니다. 이것은 규모의 보수가 불변(constant returns to scale)이라는 특성을 갖고 있다고 말할 수도 있습니다. 이처럼 포기해야 하는 재화의 비율이 일정하기 때문에 그래프가 직선으로 나타날 수 있습니다.

그런데 포르투갈 직선이 영국 직선보다 위에 있다는 것은 무엇을 의미하는 것일까요? 직물 한 포를 생산하기 위해서 포르투갈이 영국보다 더 많은 비용을 지불해야 한다는 것을 의미한답니다. 그러므로 기회비용이 적어서 기울기가 작은 영국이 직물 생산에 비교 우위가 있다고 볼 수 있지요.

그럼 이 그래프에서 교환 비율은 어떻게 확인할 수 있을까요? 직

> **규모의 보수**
> 생산 요소를 k배만큼 증가시키면 생산량도 k배만큼 증가하는 경우, '규모의 보수가 불변한다.'고 합니다. 투입되는 생산 요소의 크기와 상관없이 일정한 생산성이 유지되는 경우라고 보면 되지요. 생산량이 k배보다 더 많이 증가하면 '규모에 대한 보수가 증가한다.'라고 하고, k배보다 더 적게 증가하면 '규모에 대한 보수가 감소한다.'라고 합니다.

물 한 포와 교환되는 포도주의 국제적인 교환 비율은 점 A에서부터 점 B까지의 거리로 나타낼 수 있습니다. 즉, 점 A에서 점 B사이에서 무역이 이루어졌을 때에만 영국과 포르투갈 모두에게 이익이 생기게 되지요. 교환 비율이 A점에 가까워질수록 영국에 더 유리해지고, B점에 가까워질수록 포르투갈에 더 큰 이익이 돌아가게 된답니다.

따라서 교환 비율을 벗어난 범위에서는 양국 모두 이익을 얻을 수 없게 되므로 무역이 발생하지 않게 됩니다.

비교 우위론 가정의 비현실성

비교 우위론이 성립하기 위해서는 기본적으로 다음과 같은 전제 조건이 필요합니다.

〈비교 우위론의 기본 가정〉

1. 두 나라에서 같은 품질의 두 가지 재화만 생산하고 있다.
2. 각 재화의 생산에는 노동이 유일한 생산 요소이고, 재화의 가치는 투입된 노동력의 양에 의해 결정된다. (노동 가치설)
3. 한 나라 산업 간에 노동의 이동은 완전히 자유로우나, 국가 간의 이동은 불가능하다.
4. 생산량이 변화해도 생산성은 변하지 않는다.

처음 절대 우위론을 설명했을 때부터 영국과 포르투갈이라는 두 나라와 직물과 포도주라는 두 개의 재화만 있다고 가정했던 것 기억하시죠? 비교 우위론은 기본적으로 두 나라 사이에 생산되는 같은 품질의 재화 두 개를 무역의 전제 조건으로 놓고 있습니다.

실제로 전 세계에는 수많은 나라들이 있고, 이 나라들은 다양한 재화들을 생산하고 있지만 기본 원리를 살펴 보기 위해 복잡한 현실을 극단적으로 단순화하였습니다. 그 당시에는 지금처럼 여러 나라가 많은 재화를 복잡하게 거래하는 상황도 아니었기 때문에 이렇게 단순화할 수 있었다는 점을 이해해 주기 바랍니다.

첫 번째 가정에서 주목해야 할 것은 양국이 생산하는 두 재화가 같은 품질의 재화라는 것입니다. 만약 영국 포도주의 품질이 포르투갈의 것보다 좋다면 영국은 포르투갈과 무역을 하려고 할까요? 직접 생산한 포도주의 품질이 더 좋기 때문에 굳이 무역을 하려고 하지 않을 것입니다. 따라서 비교 우위론을 설명하기 위해서는 각 나라의 기술력 등으로 인해 한 단위를 생산하는 데 필요한 노동력만 차이가 나는 상황이 전제되어야 합니다.

두 번째 가정은 노동만이 유일한 생산 요소라는 점입니다. 재화들의 가치는 재화를 생산하는 데 투입되는 노동의 양에 의해서 결정된다는 소위 노동 가치설에 의존하여 이론을 전개했습니다. 기계나 도구 등 생산에 영향을 미칠 수 있는 다른 요소들도 간접적 노동에 의해 만들어진 것이므로, 결국 재화의 가치는 투입된 노동의 양에 의해서 결정된다고 생각하였지요.

최근에는 생산에 있어서 노동의 기여 정도보다 다른 생산 요소의 중요성이 점점 더 커졌더군요. 자본이나 기술 등이 중요한 생산 요소로 인식되고 있다고 들었습니다. 또한 경영, 신뢰, 문화, 국민성 등 과거에는 언급하지도 않았던 사회적 생산 요소에 대한 논의도 활발하다고 하더군요. 역시 세상은 점점 빠르게 변화하는 것 같습니다.

세 번째로 대표적인 생산 요소인 노동의 산업 간 이동이 한 나라 안에서는 완전히 자유로우나, 국가 간에는 전혀 불가능하다는 가정 하에서 이론을 전개하고 있습니다.

예를 들어, 영국에서 직물을 특화할 때 포도를 재배하는 농민이나 포도주 병을 만드는 공장의 수많은 노동자들은 직물 산업으로 아무런 제약 없이 이동할 수 있습니다. 하지만 현실적으로는 이들이 직물 공장으로 완전히 이동하는 데 걸리는 시간과 직물 공장에서 새로운 기술을 배워야 하는 시간 등 다양한 사회적 비용이 발생하게 되지요. 잠시 동안이라도 실업의 아픔을 경험해야 할지도 모르고요.

당시의 기술 수준은 매우 낮았기 때문에 특별한 기술 습득의 노력 없이도 바로 공장에서 일할 수 있었던 상황이었습니다. 따라서 다른 산업으로의 이동이 상대적으로 쉬웠고, 일자리가 급속하게 늘어나는 추세였다는 것을 감안해 주기 바랍니다.

지금은 노동자뿐만 아니라 자본, 심지어는 토지까지도 국가 간의 이동이 매우 자유롭더군요. 가족들과 가까운 동네 음식점으로 외식 한번 다녀와 보세요. 식당에서 일하고 있는 외국인 아주머니들을 어렵지 않게 만나 볼 수 있을 것입니다.

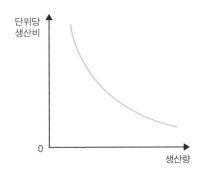

규모의 경제 하에서 단위당 생산비의 변화

네 번째로 생산량을 증대시켜도 생산성은 증가하지도, 감소하지도 않는 특성을 가지고 있다고 가정하였습니다. 다른 말로 규모의 보수가 불변이라고도 하지요. 현실 경제에서는 생산량을 늘림에 따라 생산성이 늘어나기도 하고 줄어들기도 하는데, 생산성이 늘어나는 경우를 규모의 경제(Economy of Scale)라고 합니다. 생산 규모는 확대되면서 생산비가 절약되거나, 수익성이 향상되는 것도 규모의 경제라고 하지요. 한마디로 '대량 생산의 이익' 정도라고 표현할 수 있겠습니다.

> **규모의 경제**
>
> 생산 규모가 커짐에 따라 생산의 평균 비용이 장기적으로 계속 감소하거나, 수익이 높아지는 현상을 말합니다. 한계 비용이 어느 수준의 생산량을 지나면서 점차 증가하는 현상은 규모의 불경제라고 하지요.

예를 들어, 처음에 직물 한 포를 생산하기 위해서는 100명의 노동력이 필요했지만, 생산량을 늘림에 따라 생산 기술이 숙달되기 시작합니다. 이로 인해 규모의 경제 효과가 생겨서 90명의 노동력으로도 직물 한 포를 만들 수 있게 되지요. 이런 경우를 규모의 보수가 증가한다고 합니다.

앞서 영국과 포르투갈의 교환 비율을 나타내는 그래프에서 기회 비용, 즉 어떤 재화를 더 만들기 위해 포기해야 하는 다른 재화의 크기를 직선으로 표현할 수 있었던 것도 바로 규모의 보수가 일정하기 때문이었습니다. 하지만 현실 경제에서는 규모의 보수가 꼭 일정하다고 볼 수는 없답니다.

마지막으로 비교 우위론의 기본 가정에는 없는 내용입니다만, 양국의 생산성 차이에 의해 비교 우위가 결정된다고 하였는데, 생산성 차이가 발생하는 원인, 즉 비교 우위가 발생하는 원인을 규명하지는 못하였습니다.

예를 들어, 왜 영국이 직물에 대해 비교 우위가 생기게 되었고, 왜 포르투갈이 영국보다 포도주를 더 저렴하게 만들 수 있는지에 대한 설명은 없었던 것이지요. 이에 대해서는 이후에 많은 학자들이 그 원인을 규명하는 다양한 이론들을 내놓았습니다.

이처럼 비교 우위론을 현실 세계에 적용하기에는 많은 문제점들이 따르기도 합니다. 그럼에도 불구하고 비교 우위론은 무역 이론을 전개하는 시발점으로서 현재까지 그 중요성을 충분히 인정받고 있지요. 국가 간의 무역이 왜, 그리고 어떻게 발생할 것인가에 대한 충분한 설명 능력을 갖고 있기 때문에 현재까지 많은 자유 무역 논쟁에서 막강한 위력을 지닌 무기로 사용되고 있다고 생각합니다.

스타크래프트와 기회비용

리카도의 비교 우위론에서 직물을 만들기 위해 포기한 포도주 또는 포도주를 만들기 위해 포기한 직물의 개념을 기회비용으로 표현했습니다. 그런데 기회비용은 경제학에만 등장하는 개념이 아니랍니다. 대한민국 국민이라면 누구나 한번쯤은 들어본 게임, 바로 '스타크래프트(Star-craft)'에서도 기회비용을 만나볼 수 있지요.

미국의 조그만 게임 업체인 블리자드(Blizzard Entertainment)를 전 세계적인 게임 업체로 도약할 수 있게 해준 스타크래프트. 스타크래프트가 재미있는 이유는 바로 이 게임 속에 경제 이론의 핵심적인 원리인 기회비용의 묘미가 숨어 있기 때문입니다.

스타크래프트와 같은 전략 시뮬레이션 게임은 주어진 자원과 시간으로 빌드 오더(Build Order)를 달리하여 다양한 전략을 구사할 수 있습니다. 국민 맵(map)이라고 할 수 있는 로스트 템플(Lost Temple) 맵을 통해 자세히 살펴봅시다.

미네랄(Mineral) 여덟 덩어리는 각각 1,500단위의 미네랄과 5,000단위의 가스(Gas)를 채취할 수 있습니다. 똑같은 자원과 시간이 상대편에게도 그대로 주어진 상황에서 두 명의 플레이어는 승리를 위해 여러 가지 전략을 구사하게 되지요.

예를 들어, 일곱 번째 SCV(Space Constructor Vehicle)를 생산하는 게이머는 '미네랄 100으로 서플라이 디팟(Supply Depot)을 만들어 더 많은 유닛을 만들까? 아니면 미네랄을 50만큼 더 모아 바락(Barracks)을 만

SCV 한 대가 지금 서플라이 디팟(Supply Depot)을 만들지, 미네랄 150으로 바락(Barracks)을 만들기 위해 조금 더 기다릴지 고민하고 있습니다.

들고, 이것으로 공격용 병사인 마린을 만들어 공격을 할까?' 라는 선택의 상황에 놓이게 됩니다. 게이머는 이런 상황에서 어떤 선택을 하는 것이 승리를 위해 가장 좋은 전략인지 고민하게 되고, 이러한 고민은 게임의 재미를 한층 배가시키는 중요한 요소가 되지요.

미네랄과 가스가 무한히 많은 무한 맵의 경우에는 바락과 서플라이 디팟을 많이 지어서 무수히 많은 마린(Marine)을 생산하면 되지만, 주어진 시간 안에 모을 수 있는 자원의 양이 한정되어 있는 유한 맵인 로스트 템플의 경우에는 주어진 자원을 어떻게 효과적으로 사용해 승리를 거둘 수 있을지를 고민해야 합니다. 이것이 바로 스타크래프트 안에 숨겨진 경제 원리인 기회비용의 개념입니다.

기회비용은 '어떤 행위를 하기 위해 포기해야 하는 다른 기회의 최대 가치'로 정의됩니다. 어떤 선택을 함으로써 그 선택에 따른 만족감을 얻을 수 있지만, 다른 대안을 포기함으로써 치러야 하는 비용도 따라오기 때문이지요. 이처럼 기회비용을 최소화하는 합리적인 선택은 우리가 자주 접하는 게임 속에서도 이루어집니다.

노동 가치설

토머스 홉스(Thomas Hobbes, 1588~1679)와 존 로크(John Locke, 1632~1704)에 대해 물어 보면, 대부분의 사람들은 사회 계약설을 가장 먼저 떠올립니다. 사회 계약설이란 17~18세기 영국 및 프랑스를 중심으로, 국가는 자유롭고 평등한 개인 사이의 계약에 의하여 성립되었다는 학설이지요.

그런데 이 학자들은 국가의 성립에 관한 논의뿐만 아니라 노동에 의한 가치의 규정에 대해서도 깊이 연구하였답니다. 이들을 비롯한 많은 학자들은 재화의 가치가 무엇에 의해 결정되는지를 연구하였으며, 인간의 노동에 의해 재화의 가치가 만들어질 수 있음을 논의하였지요.

하지만 애덤 스미스에 이르러서야 재화의 가치는 투입되는 노동의 양의 의해 외부적으로 결정된다는 노동 가치설(Labor Value Theory)이 성립하게 되었습니다.

애덤 스미스는 그의 저서인 국부론을 통해, 사람들은 분업에 의해 교환을 할 수밖에 없다고 설명하였습니다. 그리고 사람들 간의 교환이 이루어질 때, 두 재화간의 교환 비율은 재화가 가지고 있는 가치에 의해 결정된다고 주장하였습니다. 재화의 가치는 얼마나 유용하게 사용할 수 있는지를 나타내는 사용 가치와 교환하는 데 얼마나 필요한지를 나타내는 가치로 나눌 수 있으며, 이때 사용 가치가 더 중요한 가치의 척도라고 강조하기도 했지요. 사용 가치는 재화를 생산하기 위해 사회적으로 필요한 노동 시간이라고 생각했기 때문입니다.

"사용 가치 또는 유용한 물건이 가치를 가지는 것은 그 안에 추상화된 인간 노동이 체현되거나 대상화 되어 있기 때문인데, 그 가치의 크기를 측정하는 기준은 그것을 생산하기 위해 사회적으로 걸리는 노동 시간이 된다."

—애덤 스미스

　투입된 기계나 도구 등 자본의 양에 의해서도 재화의 가치가 결정될 수 있다는 비판을 받은 애덤 스미스의 노동 가치설을 더욱 발전시킨 것은 리카도였습니다. 그는 재화의 가치가 투입된 자본의 양에 의해서도 결정될 수 있음을 인정하였지요. 하지만 투입된 자본 역시 인간의 간접 노동에 의해 만들어진 것이기 때문에, 결국 재화의 가치는 투입된 노동력에 의해 결정된다고 주장하며 노동 가치설을 확립하였습니다.

　훗날 이들의 노동 가치설은 마르크스(Karl Heinrich Marx, 1818~1883)에 의해 비판적으로 계승되었습니다. 마르크스는 오로지 인간의 노동만이 모든 가치를 창출할 수 있으며, 재화의 가치는 추상적인 노동이 재화 속에서 객체화한 것이라고 주장하였습니다.

"자유 무역을 통해 국가의 부가 증가한다"

나는 영국의 부유한 계층에 속했지만, 하원 의원으로서 사람들의 권리와 자유를 위해 노력했습니다. 농업, 빈민 구제, 관세와 자유 무역 등의 안건에 적극적으로 나서며 곡물법의 폐지를 주장하기도 했지요. 지대론과 이윤론을 통해 곡물법을 폐지하면 농업 경영인의 이윤율이 저하되는 것을 막을 수 있다고 설명했습니다.

곡물법을 폐지하면 값싼 곡물의 수입으로 지주의 지대는 감소할 수 있지만 농업 경영인의 이윤율을 높일 수 있고, 이는 산업 자본의 축적을 가능케 하여 국가 경제가 성장하는 데 중요한 역할을 할 것이라고 주장하였지요.

곡물법은 단순히 지주와 농업 경영자 간의 이익 다툼 문제가 아니었습니다. 절친한 친구였던 맬서스와 논쟁을 벌이면서까지 곡물법을 폐지해야 한다고 강력히 주장했던 이유는 곡물법의 폐지가 자유 무역의 필요성을 뒷받침해주는 논리적 근거가 되기 때문이었습니다.

"…… 임금의 저하만이 이윤율을 상승시킨다는 것, 임금의 저하는 임금으로 지출하는 필수품 가격의 하락으로만 일어난다는 것, 이는 이 책을 통해 내가 증명하려고 노력한 것이다. 그러므로 만약 외국과의 무역을 확장하거나 기계를 개선해 노동자의 식제품과 필수품을 낮은 가격으로 시장에 팔 수 있다면 이윤은 상승할 것이다."

—『정치 경제학과 조세의 원리』 제7장

비교 우위론으로도 자유 무역의 이익을 설명하였습니다. 애덤 스미스의 절대 우위론으로는 설명할 수 없었던 무역의 발생 이유를 기회비용의 개념을 이용해, 상대적으로 우위에 있는 재화에 특화해서 교역하면 양국 모두 이익을 볼 수 있다고 말입니다.

또한 비교 우위론은 선진국과 후진국 사이에서도 무역이 발생할 수 있으며, 이때 양국 모두 이익을 볼 수 있다는 것을 수학적으로 증명해 주었습니다. 비록 이론이 성립하기 위한 기본 가정에서 현실 경제를 충분히 반영하지 못한다는 문제점이 있기는 하지만, 그럼에도 불구하고 현대까지 자유 무역을 지지하는 기본적인 원리로 사용되고 있는 훌륭한 이론이지요.

완전히 자유로운 무역 제도 아래에서 각국은 그 나라가 가지고 있는 자본과 노동을 각국에 가장 이득이 되도록 고용합니다. 그리고 자국의 이득을 위한 행위는 결과적으로 세계 전체의 이득으로 이어지지요. 개별적 이득의 추구는 산업을 촉진시키고, 자연이 부여한 고유한 능력을 가장 효율적으로 사용하게 함으로써 노동이 가장 효과적이고 경제적으로 분배될 수 있도록 해주기 때문입니다.

경제 전체적으로 생산량을 분배시킴으로써 혜택을 전반적으로 확산시키고, 하나의 공통된 이해와 교역 관계의 연결고리로서 문명 세계의 모든 나라들을 다함께 묶는 역할을 하는 것이 바로 자유 무역입니다.

물론 역사적으로 각국의 산업을 보호하고 발전시키기 위해, 혹은 공황을 거치면서 자국의 실업 문제를 해결하기 위해 보호 무역 정책이 실시되던 때도 있었습니다. 하지만 자유 무역이 무역 질서의 대세인 것은 부정할 수 없는 사실이지요. 이런 자유 무역의 큰 흐름 속에서 나의 이론을 이해하고, 이에 따라 행동하는 것이 세계화 시대를 살아가기 위한 최소한의 조건이 될 것이라고 생각합니다.

국가가 기업이나 개인의 성장을 보호해주던 시대는 지나가고, 전 세계의 기업과 개인이 치열하게 경쟁해야 하는 것이 현실이 되고 있습니다. 여러분도 국제적인 경쟁에서 살아남을 수 있도록 자신만의 핵심 역량을 찾아보고, 그것이 어디에서나 상대적인 비교 우위를 갖는 소중한 자산이 될 수 있도록 키워나가기를 바랍니다.

2010년도 (6월) 평가원 11번

자료에 대한 옳은 설명만을 〈보기〉에서 있는 대로 고른 것은? [3점]

갑과 을 두 사람만 존재하는 경제에서 두 사람은 모두 연간 1,000시간의 노동을 한다. 현재 이들은 노동 시간의 절반씩을 버섯과 물고기 생산에 분배하고 있으며 둘 사이에 교환은 발생하지 않고 있다. 이들의 한 시간당 노동 생산량은 다음과 같다.

구분	버섯	물고기
갑	4kg	2마리
을	3kg	1마리

〈보기〉

ㄱ. 물고기 생산의 기회비용은 을보다 갑이 크다.
ㄴ. 교환이 발생할 경우 물고기의 총생산량은 증가한다.
ㄷ. 을은 물고기보다 버섯 생산에 특화하는 것이 유리하다.
ㄹ. 갑은 생산성이 높기 때문에 교환을 통해 얻을 수 있는 이익이 없다.

① ㄱ, ㄴ   ② ㄱ, ㄹ   ③ ㄴ, ㄷ   ④ ㄱ, ㄴ, ㄷ   ⑤ ㄴ, ㄷ, ㄹ

두 나라가 서로 무역을 할 경우에 대한 분석으로 옳은 것은? [3점]

A, B 두 나라의 생산 가능 곡선을 도출하기 위한 생산량 자료이다. 두 나라 모두 동일한 양의 노동만을 생산 요소로 투입하며 노동 한 단위당 생산량은 일정하고 유휴 노동력은 없다. 또한 노동자 수와 생산 기술의 변화는 없다.

〈A국〉 (단위 : 개)

구분	X재	Y재
2009년 3월	40	30
2009년 4월	60	20

〈B국〉 (단위 : 개)

구분	X재	Y재
2009년 3월	60	5
2009년 4월	40	10

---

① A국에서 Y재로 평가한 X재의 가격이 상승하는 요인이 된다.

② B국에서 X재로 평가한 Y재의 가격이 상승하는 요인이 된다.

③ A국은 Y재에, B국은 X재에 절대 우위가 있다.

④ A국은 B국에 X재를 수출하고, Y재를 수입한다.

⑤ X재와 Y재의 교환 비율이 3 : 1일 때 두 나라 모두 무역의 이익을 얻는다.

2008년도 수능 1번

그림은 세계 무역 환경의 변화와 그에 대한 대응 과정을 나타낸다. 이에 대한 설명으로 옳은 것은? [2점]

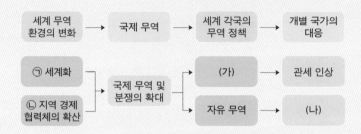

① ㉠의 진전은 국가 간의 경제적 의존성을 약화시킨다.

② ㉡에 따라 역내 시장의 단일화가 진전된다.

③ ㉡은 역내 국가와 역외 국가 간의 관세 차별을 없앤다.

④ (가)는 국가 간 교역 증대에 기여한다.

⑤ (나)는 경쟁력이 없는 자국의 산업을 보호하기 위한 것이다.

● 기출 문제 활용 노트 답안

2010년도 (6월) 평가원 11번 답 ③

한 단위 생산하는 데 포기해야 하는 다른 재화의 숫자(=기회비용)

구분	버섯	물고기
갑	물고기 1/2마리	버섯 2kg
을	물고기 1/3마리	버섯 3kg

갑이 물고기를 생산할 때의 기회비용은 을보다 적고, 을이 버섯을 생산할 때의 기회비용은 갑보다 적습니다. 따라서 갑은 물고기 생산에, 을은 버섯 생산에 비교 우위가 있습니다. ㄴ. 교환하기 전의 물고기 총생산량은 3마리(=갑 2마리+을 1마리) × 500시간으로 1,500마리입니다. 교환이 발생하면 총생산량은 2마리(=갑 2마리+을 0마리) × 1,000시간이 되어 2,000마리로 증가합니다. ㄹ. 선진국과 후진국 사이에도 무역을 통한 이익이 발생할 수 있다는 것을 밝힌 이론이 바로 비교 우위론입니다.

2010년도 수능 12번 답 ⑤

A국에서 4월에 X재를 20개 늘렸더니 Y재 10개가 줄어들었습니다. B국에서는 X재 20개를 줄였더니 Y재 5개가 늘어났습니다. 이것을 기회비용으로 정리해 볼까요?

한 단위 생산하는 데 포기해야 하는 다른 재화의 숫자(=기회비용)

구분	X재	Y재
A국	1/2	2
B국	1/4	4

④ A국은 상대적으로 기회비용이 더 적은 Y재에, B국은 X재에 비교 우위가 있습니다. 그러므로 A국은 Y재를 수출하고, X재를 수입합니다. ⑤ Y재의 기회비용이 A국은 X재 두 개이고, B국은 X재 네 개이므로 Y재 한 개에 대한 X재의 교환 비율이 두 개와 네 개 사이에서 결정되어야 두 나라 모두 이익을 얻게 됩니다. ③ B국은 X재에 비교 우위만 있습니다.

2008년도 수능 1번 답 ②

세계 경제는 세계화와 지역화가 동시에 나타나는데, 국제 무역과 분쟁이 확대되면서 자유 무역을 지지하는 측과 보호 무역을 지지하는 측의 주장이 대립하게 됩니다. ① 세계화의 진전은 국가 간의 경제적 의존성을 심화시킵니다. ② 지역 경제 협력체의 확산은 일정 구역 시장의 단일화와 자유 무역을 진전시키고, ③ 역내 국가 간의 관세 차별을 없애는 것을 기본 목표로 합니다. 따라서 역외 국가에 대한 차별이 사라지지 않아, 지역 경제 협력체 간의 갈등이 커질 수 있습니다. 관세 인상으로 나타나는 무역 정책은 보호 무역이고, 자유 무역으로 나타나는 국가의 대응은 관세 인하이므로 (가)는 보호 무역, (나)는 관세 인하가 됩니다. ④ 보호 무역은 국가 간 교역 증대에 장애가 되며, ⑤ 경쟁력이 없는 자국 산업의 보호는 보호 무역의 특징입니다.

○ 찾아보기

경제학자가 들려주는 경제 이야기 07

리카도가 들려주는 자유 무역 이야기

ⓒ 허균, 2011

초판 1쇄 발행일 2011년 8월 11일
초판 4쇄 발행일 2020년 11월 3일

지은이   허균
그린이   황기홍
펴낸이   정은영

펴낸곳   (주)자음과모음
출판등록 2001년 11월 28일 제2001-000259호
주소   04047 서울시 마포구 양화로6길 49
전화   편집부 02) 324-2347 경영지원부 02) 325-6047
팩스   편집부 02) 324-2348 경영지원부 02) 2648-1311
이메일   jamoteen@jamobook.com

ISBN 978-89-544-2557-5 (44300)

과학공화국 법정시리즈 (전 50권)

생활 속에서 배우는 기상천외한 수학·과학 교과서!
수학과 과학을 법정에 세워 '원리'를 밝혀낸다!

이 책은 과학공화국에서 일어나는 사건들과 사건을 다루는 법정 공판을 통해 청소년들에게 과학의 재미에 흠뻑 빠져들게 할 수 있는 기회를 제공한다. 우리 생활 속에서 일어날 만한 우스꽝스럽고도 호기심을 자극하는 사건들을 통하여 청소년들이 자연스럽게 과학의 원리를 깨달으면서 동시에 학습에 대한 흥미를 가질 수 있도록 구성하였다.

철학자가 들려주는 철학 이야기 (전 100권)

아이들의 눈높이에 맞춘 철학 동화!
책 읽는 재미와 철학 공부를 자연스럽게 연결한 놀라운 구성!

대부분의 독자들이 어렵게 느끼는 철학을 동화 형식을 이용해 읽기 쉽게 접근한 책이다. 우리의 삶과 세상, 인간관계에 대해 어려서부터 진지하게 느끼고 고민할 수 있도록, 해당 철학 사조와 철학자들의 사상을 최대한 풀어 썼다.

이 시리즈의 가장 큰 장점은 내용과 형식의 조화로, 아이들이 흔히 겪을 수 있는 일상사를 철학 이론으로 해석하고 재미있는 이야기로 담은 것이다. 또한 아이들의 눈높이에 맞는 쉽고 명쾌한 해설인 '철학 돋보기'를 덧붙였으며, 각 권마다 줄거리나 철학자의 사상을 상징적으로 표현한 삽화로 읽는 재미를 더한다. 철학 동화를 이끌어가는 주인공을 형상화하고 내용의 포인트를 상징적으로 표현한 삽화는 아이들의 눈을 즐겁게 만들어준다. 무엇보다 이 시리즈는 철학이 우리 생활 한가운데 들어와 있고, 일상이 곧 철학이라는 사실을 잘 보여준다. 무엇보다 자기 자신을 극복한다는 것, 인간을 사랑한다는 것, 진정한 인간이 된다는 것, 현실과 자기 자신을 긍정한다는 것 등의 의미를 아이들의 시선에서 풀어내고 있다.